खोये-पाये गुमशुदा

और उनके परिवार

पुस्तक के बारे में

गुमशुदा व्यक्ति समाज में एक बहुआयामी समस्या निर्मित करते हैं जो मानव संसाधन के संरक्षण के लिए गंभीर चिंता का विषय है। हमारे देश में प्रत्येक वर्ष अनेक व्यक्ति लापता होते हैं, इनमें से कुछ को ढूंढ लिया जाता है तथा शेष अदृश्य रहते हैं जिनकी जानकारी किसी के पास नहीं होती, यहाँ तक कि पुलिस के पास भी नहीं। इन लापता व्यक्तियों के परिवारों को पता तक नहीं होता कि उनके परिजन कहाँ हैं और इनके साथ क्या हुआ?

प्रदीप बौहरे तथा अयूब खान द्वारा आयोजित यह अध्ययन उस दृश्य से पर्दा उठाता है जिससे प्रत्येक वर्ष हज़ारों हज़ार परिवार खेदजनक तरीके से दो-चार होते हैं। यह अनुसंधान उन बहुमूल्य संकेतकों को पहचानने में सफल हुआ है जो यह बताते हैं कि गुमशुदा परिवारों के पीछे छूटे परिवारों की आवश्यकताएँ और चुनौतियां क्या हैं और उनके लिए क्या किया जाना चाहिए?

भारत में लगभग न के बराबर अध्ययन किए गए विषय पर आधारित लेखकद्वय का उक्त मोनोग्राफ साहित्यिक ढंग से प्रस्तुत सरल, सटीक एवं पठनीय है तथा गुमशुदा व्यक्तियों के परिवारों से जुड़े विभिन्न मुद्दों, प्रवृत्तियों, आयामों, प्रतिमानों और पेचीदगियों को एक स्पष्ट अंतर्दृष्टि देता है एवं इस समस्या को दूर करने के तरीकों को भी रेखांकित करता है।

यह मोनोग्राफ न केवल सामाजिक चिंतकों, नागरिक समाज, नीति निर्माताओं, मीडिया तथा मानव अधिकार संगठनों के लिए उपयोगी है बल्कि उन सभी लोगों के लिए महत्व रखता है जो इस विषय को वस्तुनिष्ठ तरीके से समझते हैं। मैं आशा करती हूँ कि यह मोनोग्राफ न केवल व्यापक रूप से पढ़ा जाएगा बल्कि भविष्य के अध्ययनों का आधार भी बनेगा।

प्रो. संगीता शुक्ला
पूर्व कुलपति, जीवाजी विश्वविद्यालय,
ग्वालियर (म.प्र.) एवं
कुलपति, चौधरी चरण सिंह विश्वविद्यालय,
मेरठ (उ.प्र.)

लेखक

प्रदीप बौहरे, जीवाजी विश्वविद्यालय, ग्वालियर से समाज विज्ञान में शोध उपाधि प्राप्त दैनिक भास्कर समूह, ग्वालियर में वरिष्ठ पत्रकार हैं।

ई–मेलः pradeep.bohare.14@gmail.com

अयूब खान, हाशिए के समाज और अधिकारविहीन समुदायों के अध्ययनों में रूचि रखने वाले, ग्वालियर, मध्यप्रदेश के महारानी लक्ष्मीबाई शासकीय उत्कृष्ट महाविद्यालय में समाजशास्त्र विषय के प्रोफेसर हैं।

ई–मेलः ayub3565@gmail.com

खोये-पाये गुमशुदा

और उनके परिवार

प्रदीप बौहरे

अयूब खान

कॉन्सेप्ट पब्लिशिंग कंपनी (प्रा.) लि.

नई दिल्ली-110 059

ISBN: 978-93-6344-241-2 (HB)
ISBN: 978-93-6344-489-8 (PB)

First Published 2026

Published and Printed by

Concept
Since 1974

Concept Publishing Company Pvt. Ltd.
A/15-16, Commercial Block, Mohan Garden
New Delhi-110059 (India)
T: +91-11-41101460
E: publishing@conceptpub.com, *W*: www.conceptpub.com

Cataloging in Publication--Courtesy: D.K. Agencies (P) Ltd. <docinfo@dkagencies.com>

Bauhare, Pradīpa, author.
Khoye-pāye gumaśudā aura unake parivāra / Pradīpa Bauhare, Ayūba Khāna.
pages cm
In Hindi.
Study on missing persons and its effects on their families in Gwalior District, Madhya Pradesh, India.
ISBN 9789363442412 (HB)
ISBN 9789363444898 (PB)

1. Missing persons--India--Gwalior (District) 2. Missing persons--Family relationships--India--Gwalior (District) I. Khan, Ayub (Professor of sociology), author. II. Title.

LCC HV6762.I4B38 2026 | DDC 362.829 23

उन तमाम परिवारों को
समर्पित
जो अपने परिजनों के
वापस लौटने का
इंतज़ार कर रहे हैं।

प्राक्कथन

दुनिया के विभिन्न देशों में गुमशुदा बच्चों, किशोरों तथा युवाओं पर कुछ अध्ययन हुए हैं जिनमें से अधिकांश घर से भागने वालों पर केन्द्रित हैं। भारत में गुमशुदा बच्चों और महिलाओं के अध्ययनों को गति नोएडा, उत्तरप्रदेश के निठारी गांव की 2006 की अत्यधिक घृणित घटना के बाद मिली। इन अध्ययनों की तुलना में गुमशुदा वयस्कों पर शोध साहित्य की कमी है जबकि ऐसे परिवारों के अनुभवों पर तो न के बराबर अध्ययन हैं जिनके घर से कोई लापता है। अतः एक ऐसे अनुभवजन्य अध्ययन की आवश्यकता महसूस की जा रही थी जो गुमशुदा व्यक्ति के पीछे छूटे परिवार की आवश्यकताओं, अनुभवों व चुनौतियों को तर्कसंगत तरीके से प्रस्तुत कर सके।

प्रस्तुत अध्ययन में दो आयामों पर दुविधा थी, पहले तो गुमशुदा व्यक्तियों के परिवारों की आवश्यकताओं और अनुभवों की सीमा अज्ञात थी और दूसरे इसमें अधिक से अधिक वस्तुनिष्ठता लाने के लिए दृढ़निश्चय अपरिहार्य था। हमारी इस विषय के प्रति विशेष अभिरुचि तथा व्यक्तिगत प्रतिबद्धता से हम एक ऐसे अनजान क्षेत्र के अध्ययन को सुलभ बना पाये जिसके विस्तार की जानकारी नहीं थी एवं अध्ययन को अधिक से अधिक ध्येय बनाने के लिए जिस ज़िद की आवश्यकता थी उसे भी अध्ययन के प्रति पूर्ण समर्पण के साथ सुफल कर सके।

इस व्यवस्थित तथा उद्देश्यपूर्ण अध्ययन की विशिष्टता विभिन्न मान्यताओं में निहित है, जैसे यह प्राथमिक तथ्यों पर आधारित है जिन्हें श्रमसाध्य तरीके से साक्षात्कारों द्वारा एकित्रत किया गया, जिनमें खोये-पाये गुमशुदा व्यक्तियों के परिवारों के मुखिया तथा कानून लागू करने वाले अधिकारियों के साक्षात्कार सम्मिलित हैं तथा जिसके लिए गुमशुदा व्यक्तियों के परिजनों के साथ कई-कई बार की बैठकों में बात की गई। किसी एक परिवार के व्यक्ति से बात का सिरा जहाँ छूट गया होगा, वहाँ किसी दूसरे परिवार के व्यक्ति ने उसे जोड़ दिया। इस तरह गुमशुदा व्यक्तियों के परिवारों के किसी एक व्यक्ति की बात केवल उसकी बात नहीं रह जाती बल्कि समस्त गुमशुदा व्यक्तियों के परिवारों की बात बन जाती है।

संबद्ध क्षेत्र कार्य के दौरान विभिन्न हितधारकों के साथ फोकस समूह चर्चा के बाद पहचाने गए गुणात्मक अध्ययनों को विकसित करने में अत्यधिक सावधानी बरती गई है ताकि इनके माध्यम से गुमशुदा व्यक्तियों के परिवारों की समस्याओं और परिस्थितियों पर बेहतर तरीके से प्रकाश डाला जा सके। इन गुणात्मक अध्ययनों की प्रतिध्वनि पुस्तक में उपयुक्त स्थानों पर सुनाई देगी।

पुस्तक में गोपनीयता बनाए रखने के लिए अध्ययन में सम्मिलित व्यक्तियों की पहचान गुप्त रखी गई है। यहाँ तक कि जहाँ भी किसी व्यक्ति विशेष के अनुभवों का ब्यौरा दिया गया है, वहाँ नाम बदल दिये गये हैं तथा पहचान छुपाने के लिए विवरण को समायोजित किया गया है।

अयूब खान
प्राध्यापक-समाजशास्त्र
महारानी लक्ष्मीबाई शासकीय उत्कृष्ट महाविद्यालय
ग्वालियर (म.प्र.)

आभार

वास्तव में हमारी उपलब्धियां केवल हमारी नहीं होतीं; बल्कि यह सब उन तमाम प्रत्यक्ष व परोक्ष सहयोगियों, मित्रों, अभिभावकों, परिजनों तथा अनाम लोगों के सतत सकारात्मक सहयोग से ही सम्भव हो पाती हैं। मैं उन सबके प्रति अपनी कृतज्ञता ज्ञापित करना चाहता हूँ। सबसे पहले जीवाजी विश्वविद्यालय, ग्वालियर का धन्यवाद, जिसने मुझे समुचित सहयोग प्रदान कर उक्त अध्ययन हेतु अवसर प्रदान किया। इसके लिए मैं विश्वविद्यालय की कुलगुरू प्रो. संगीता शुक्ला का आभारी हूँ। मैं नोबेल शांति पुरस्कार विजेता कैलाश सत्यार्थी जी के प्रति अपनी कृतज्ञता व्यक्त करता हूँ, जिन्होंने जीवाजी विश्वविद्यालय, ग्वालियर के दीक्षांत समारोह में पधारने पर मेरे द्वारा लिए गए साक्षात्कार के उपरांत अनौपचारिक बातचीत में गुमशुदा व्यक्तियों के परिवारों के अध्ययन में रूचि व्यक्त की तथा पुस्तक प्रकाशन हेतु शुभकामनाएँ दीं। उनका हार्दिक आभार।

क्राइम रिपोर्टिंग करते समय सीनियर्स तथा साथियों का मार्गदर्शन अपरिहार्य होता है। इसके फलस्वरूप कुछ सुंदर संबंध निर्मित होते हैं। दैनिक भास्कर समूह में पत्रकारिता के मेरे सफर में श्री हरिमोहन शर्मा व श्री प्रफुल्ल नायक का

भौतिक साथ मिला तथा उनके साथ काम करने से अपराध को देखने की समझ विकसित हुई, वह मेरे लिए अमूल्य निधि है। साथी पत्रकारों व मित्रों के निस्वार्थ भाव से किए गए सहयोग ने मेरी पत्रकारिता को, मेरे लेखन को कुछ न कुछ समृद्ध अवश्य किया। जिन मित्रों का संग-साथ शोध अध्ययन से लेकर किताब लेखन तक मुझे बल देता रहा है, उनमें रमन पोपली, संजय भटनागर, देवेन्द्र माहौर, अमित जैन, संतोष पाराशर, रामेन्द्र सिंह, राहुल यादव तथा विभावसु तिवारी के नाम प्रमुख हैं, सभी का धन्यवाद।

महारानी लक्ष्मी बाई शासकीय उत्कृष्ट महाविद्यालय, ग्वालियर में पदस्थ हाशिए के समाज और अधिकारविहीन समुदायों के अध्ययनों में रूचि रखने वाले समाजशास्त्र विषय के प्राध्यापक, मेरे शिक्षक डॉ. अयूब खान के साथ एक शोध छात्र के रूप में मुझे बहुत कुछ सीखने को मिला। उन्होंने मेरे कच्चे-पक्के तर्कों को सदैव ध्यान से सुना, उन्हें सँवारने में मदद की। उनके अविरल स्नेह के लिए मैं कृतज्ञ हूँ।

गुमशुदा जैसी बहुस्तरीय व बहुआयामी जटिल समस्या के अध्ययन में गुमशुदा व्यक्तियों संबंधी तथ्यों को एकत्रित करने की व्यवस्था करने, विषय की गूढ़ता तथा नेटवर्क संबंधी आवश्यक जानकारी एवं मार्गदर्शन देने के लिए तत्कालीन पुलिस महानिरीक्षक श्री आदर्श कटियार, वरिष्ठ पुलिस अधीक्षक श्री संतोष कुमार सिंह, पुलिस अधीक्षक श्री हरिनारायणचारी मिश्रा, श्री मनोहर सिंह वर्मा, अतिरिक्त पुलिस अधीक्षक श्री रामजी श्रीवास्तव, श्री योगेश्वर शर्मा, श्रीमती प्रतिमा मैथ्यू का हार्दिक आभार। गुमशुदा व्यक्तियों के परिवारों तक पहुंचने तथा साक्षात्कार का मार्ग प्रशस्त करने में सहयोग करने के लिए थाना प्रभारी श्री संजीव नयन शर्मा,

श्री अमर सिंह सिकरवार, श्री रविन्द्र सिंह गुर्जर, श्री विनय शर्मा एवं श्री सुधीर सिंह कुशवाह का आभारी हूँ जिन्होंने मेरी हर समस्या को सुना तथा उसके व्यावहारिक उपाय सुझाए। उनका धन्यवाद।

सबसे अधिक धन्यवाद उन परिवारजनों का जिन्होंने अपने बहुमूल्य समय में से कुछ समय इस अध्ययन के लिए निकाला, इस अध्ययन को अंजाम तक पहुंचाने में सहायता की। उन व्यक्तियों का आभार जिन्होंने अपने से बिछुड़ने का दुःख सहते हुए अध्ययन में सहयोग किया परन्तु अध्ययन से अपना नाम जोड़ने से स्वयं को अलग रखा। उन परिवारजनों का भी आभार जिनके परिजन गुमशुदगी का शिकार हुए एवं वापस लौटे और उनका भी जो अपने परिजनों के लौटने का इंतजार कर रहे हैं।

खोये-पाये गुमशुदा और उनके परिवार पर मोनोग्राफ लेखन की यात्रा में आईआईटी, हैदराबाद से स्नातक उपाधि प्राप्त सुप्रसिद्ध डिजाइनर एवं चित्रकार सफीना धीमन की विषय में रुचि ने मुझे यह अवसर प्रदान किया कि उनसे उक्त मोनोग्राफ का कवर पेज डिजाइन करने का आग्रह कर सकूँ। टीसीएस जैसी दुनिया की सबसे बड़ी सूचना तकनीकी तथा बिज़नेस प्रोसेस आउटसोर्सिंग सेवा प्रदाता कंपनी में सेवारत तथा एनआईएफटी पंचकूला में अतिथि संकाय-सदस्य जैसे महत्वपूर्ण दायित्वों की व्यस्तता के बावजूद उन्होंने पुस्तक का कवर पेज डिजाइन किया। इसके लिए उनका अत्यंत आभार।

परिवार के साथ ही सब कुछ सम्भव हो पाता है। माता श्रीमती विद्यादेवी व पिता श्री राजेन्द्र प्रसाद बौहरे, संजय भैया व ललिता भाभी और प्रीति, मेरी पत्नी ने सदैव मेरे ऊपर विश्वास किया, उसके बदले में उनको क्या ही दे सकता

हूँ, सिवाय अंतस की गहराइयों से शुक्रिया। इस पुस्तक को तत्परता से प्रकाशित करने के लिए श्री अशोक कुमार मित्तल तथा कॉन्सेप्ट पब्लिशिंग कंपनी (प्रा.) लिमिटेड, नई दिल्ली की प्रशंसा आवश्यक है, उनका धन्यवाद।

यह कहना तो अतिश्योक्ति होगी कि यह अध्ययन गुमशुदा व्यक्तियों और उनके परिवारों की समस्याओं संबंधी सभी प्रश्नों, दुविधा और चिंताओं के उत्तर देने में समर्थ रहा है, किन्तु यह अवश्य कहा जा सकता है कि इस अध्ययन के निष्कर्ष निसंदेह उन समस्त लोगों के लिए बेशकीमती साबित होंगे जो इस समस्या को सुलझाने में लगे हैं तथा उन लोगों के लिए भी उपयोगी होंगे जो इसके निदान के लिए कानून तथा नीतियां बना रहे हैं।

ग्वालियर **प्रदीप बौहरे**

03 मई 2024

विषय–सूची

1

प्रस्तावना

"अब लगता है कि बेटी का प्यार का नाम चिड़िया नहीं रखना चाहिए था। उसे लापता हुए आठ साल हो गये। वो न जाने कहाँ होगी, किस हाल में होगी? वो जिन्दा है भी या नहीं? मैं रोज चिड़ियों को दाना डालती हूँ कि शायद वो चिड़िया बनकर ही मुझसे मिलने आ जाए।"

(एक गुमशुदा बेटी की माँ)

जिन परिवारों में किसी की मृत्यु हो जाती है, वे विलाप कर सकते हैं और धीरे-धीरे दुख से उबरते हुए दोबारा जीने लगते हैं, लेकिन उन परिवारों में दुखों का अंत नहीं होता है जिनके बेटे, बेटी, पति, पत्नी या माता-पिता गुमशुदा हैं। ऐसे परिवार सदैव प्रतीक्षा करते हैं और विचार करते हैं कि गुमशुदा आखिर कहाँ होगा? वह किन परिस्थितियों में होगा? वह जीवित भी होगा या नहीं? वे यह भी सोचते हैं कि आखिर वह क्यों गया होगा? सोच-विचार के इस दोहरे मंथन के बीच परिवार गुमशुदा को तलाशने की कोशिश करते हैं तथा इस कोशिश में वे अपने समस्त संसाधनों का उपयोग करते हैं। गुमशुदा की तलाश में वह कभी उदास होते हैं, भावुक होते हैं

तो कभी जाने वाले के प्रति उनके मन में नाराजगी का भाव जागृत होता है, लेकिन गुगशुदा का अभाव उनके जीवन में रहता है; कुछ परिवारों में गुमशुदा के अभाव को दूर करने के प्रयास भी दिखाई देते है परंतु इन परिवारों में अभावबोध[1] के परिणामस्वरूप समायोजन संबंधी समस्यायें उत्पन्न होने लगती हैं।

भारत में प्रत्येक वर्ष हज़ारों लोग लापता होते हैं और इनके संबंध में कोई स्पष्ट जानकारी नहीं होती कि वे कौन हैं? वे क्यों चले जाते हैं? और जब वे चले जाते हैं तब उनके साथ क्या होता है? विशेषतः उन व्यक्तियों के बारे में बहुत ही कम जानकारी है जो लौटकर नहीं आते। यद्यपि गुमशुदा बच्चों और युवाओं पर कुछ अध्ययन हुए हैं जिनमें अधिकांश घर से भाग जाने वालों पर केंद्रित हैं, अन्य परिस्थितयों में लापता होने वाले लोगों पर अपेक्षाकृत कम ध्यान दिया गया है।

गुमशुदा को परिभाषित करना एक आसान घटना नहीं है। पहली नज़र में यह इस इरादे का प्रश्न लगता है कि क्या व्यक्ति अपनी इच्छा से गुमशुदा होना चाहता था? क्या माता-पिता, पति-पत्नी, भाई-बहनों या बच्चों से उसके संबंध विच्छेद जानबूझकर थे? तथापि यह परिभाषा उन लोगों को शामिल नहीं करती है जो बिना किसी इरादे के निस्संदेह लापता हैं या जिन्हें किसी व्यक्ति के द्वारा जबरदस्ती गायब किया गया है; उनके साथ कोई घटना घटी है अथवा वे

1. अभावबोध से तात्पर्य इस बात से है कि व्यक्ति उन व्यक्तियों की तुलना में जिनके साथ अपनी तुलना का औचित्य समझता है, अपने में कुछ अभाव का अनुभव करता है। अभाव से व्यक्ति में उपलब्धि आवश्यकता कम तथा दूसरों पर निर्भर रहने की आवश्यकता में वृद्धि हो जाती है। उनमें आत्म प्रत्यय प्रतिकूल तथा आत्मसम्मान कम हो जाता है एवं भाग्यवादिता, निराशा, लाचारी, आत्म दया तथा भाव शून्यता आदि से संबंधित समस्यायें गंभीर होती जाती हैं।

डिमेंशिया या अल्ज़ाइमर जैसी किसी मानसिक परिस्थिति के कारण कहीं चले गए हैं, क्योंकि ऐसी स्थिति में तर्कसंगत निर्णय लेने की क्षमता क्षीण हो जाती है। तब यह प्रश्न उठता है कि क्या व्यक्ति का गुम हो जाना एक चुनी हुई या आरोपित स्थिति है? कुछ गुमशुदा व्यक्ति किसी भी तरह स्वयं को गुमशुदा नहीं समझते बल्कि वे इसे अन्य स्थान पर नया जीवन जीना मानते हैं। हालांकि ऐसा व्यक्ति उन लोगों की दृष्टि में गुमशुदा होता है जो उसे ढूंढ़ना चाहते हैं, न कि उनकी अपनी दृष्टि में (रोजर्स, 1986)। यहाँ एक अन्य प्रश्न खड़ा होता है कि अनुपस्थिति किसके लिए एक समस्या है? यदि एक व्यक्ति की अनुपस्थिति उसके सामाजिक तंत्र में आकस्मिक, कष्टदायी या अवांछनीय समझी जाती है तब अन्य उसे गुमशुदा के रूप में परिभाषित कर सकते हैं। पायनि (1995) के अनुसार, यदि गुमशुदा को परिभाषित करने का अधिकार उन परिवारों को दे दिया जाए जिन्हें वे छोड़कर जाते हैं, तो वे उसे रास्ते से भटके हुए व्यक्ति के रूप में परिभाषित करते हैं।

प्रस्तुत अध्ययन में गुम होने को संबंध विच्छेद के रूप में परिभाषित किया गया है, चाहे यह परिभाषा गुमशुदा व्यक्ति द्वारा की गई हो या किसी अन्य के द्वारा तथा चाहे गुम होना सुविचारित हो या फिर बिना सोचे-समझे। अतः उक्त विश्लेषण गुम होने की उस संकल्पना की ओर अग्रसर करता है जिसमें सातत्य है, जिसमें सोच-विचार कर संबंध तोड़कर जाने वालों से लेकर बिना कुछ सोचे, बिना अपनी इच्छा के चले जाने वाले तक सम्मिलित हैं। सातत्य के सुविचारित छोर पर वे प्रकरण हैं जिनमें व्यक्ति अपने परिवार को बिना कुछ बताए सोच-विचारकर जाते हैं, उनके निर्णय से न केवल पारिवारिक संबंधों में उलझनें पैदा हो जाती हैं बल्कि आर्थिक

परेशानियों के साथ मानसिक व स्वास्थ्य संबंधी समस्याएँ भी बढ़ जाती हैं।

निश्चित — भावावेश में — अनजाने में — बलपूर्वक

सुविचारित ⟷ बिना सोच के

सातत्य के दूसरे छोर पर वे लोग हैं जो अपनी इच्छा से नहीं जाते। इनमें वे असुरक्षित लोग शामिल होते हैं जो निरुद्देश्य घूमते रहते हैं, वे लोग जो खो गए हैं अथवा जो घायल हैं; वे व्यक्ति जो अनजाने में अपने ठिकाने के बारे में नहीं बता सके अथवा वे बच्चे जो माता-पिता के विच्छेद के कारण लावारिस हो गए हैं। इस किनारे पर सबसे आगे वे गुमशुदा हैं जिन्हें जबरन घर छोड़ने को मजबूर किया गया है अथवा दूसरों से अलग किया गया है, उदाहरण के लिए अपराध के शिकार अथवा वे बच्चे जिनके पालक में से किसी ने उन्हें अगवा कर लिया है। यहाँ गुमशुदा व्यक्ति की ओर से संबंध टूटना सुविचारित नहीं है परंतु किसी अन्य व्यक्ति की ओर से किए गए कार्य का परिणाम है।

जानबूझकर या अनजाने में गायब हुए लोगों में से वे लोग जो अपने संबंध से थोड़े अलग हो गए हैं, भावावेश की श्रेणी में आते हैं। यहाँ परिवार के लोगों से संबंधों में दरार स्पष्ट नहीं होती है और न ही गुम व्यक्ति के तथा/अथवा परिवार के किसी व्यक्ति के नियंत्रण में होती है। इस समूह में वे लोग आ सकते हैं जिनके ज्यादा बाहर रहने के कारण पारिवारिक संबंध कमजोर हो गए हैं या यह उनकी अनित्य जीवन शैली का परिणाम है। जबकि कुछ मामलों में परिस्थितियां विशेषतः जटिल होती हैं इनमें वे युवा, भगोड़े तथा महिलाएँ आती हैं

जो पारिवारिक प्रताड़ना, घरेलू हिंसा या गृह कलह की वजह से घर छोड़ने का निर्णय करती हैं। हालांकि इनके पास घर छोड़ने का एक छोटा विकल्प अवश्य होता है। उन्हें इस बात का थोड़ा भरोसा होता है कि वे अपने छोटे से विकल्प के सहारे जीवन बिता सकते हैं। तथापि उनका यह भरोसा असमंजस के धागों से बंधा होता है।

वास्तव में गुमशुदा व्यक्तियों के बारे में बहुत-कुछ अज्ञात है, जिसमें 'गुमशुदा' की परिभाषा तथा यह अस्पष्टता शामिल है कि किसी व्यक्ति के लापता होने के बाद उसके साथ क्या होता है? हैरानी की बात है कि 'गुमशुदा' की कोई मानक परिभाषा नहीं है। यह देश, काल और परिस्थिति के अनुसार बदलती रहती है। इस प्रकार व्यक्ति के परिप्रेक्ष्य में 'गुमशुदा' व्यक्ति वह है जो निम्नांकित में से किसी एक अथवा सभी वर्गों में शामिल है:

- स्वस्थ मस्तिष्क का गुम व्यक्ति
- भ्रमित मानसिक दशा का लापता व्यक्ति
- व्यक्ति जिसका अपहरण किया गया हो
- असंतोषजनक पारिवारिक परिस्थितियों से भागने वाले
- घरेलू परिस्थतियों के अलावा अन्य परिस्थितयों से असंतुष्ट होकर भागने वाले
- संस्थागत भगोड़े
- अनुपस्थित मित्र

इन प्राथमिक वर्गों में कई उपवर्ग हैं। जैसे असंतोषजनक पारिवारिक परिस्थितियों से भागने वालों को आयु, लिंग तथा/अथवा परिवार के अनुशासन संबंधी नियमों से असंतुष्ट होकर घर से भगाने वाले जैसे विशिष्ट कारणों के

आधार पर वर्गीकृत किया जा सकता है। इसी प्रकार भ्रमित मानसिक दशा वाले व्यक्ति को उसके भ्रम के आधार पर वर्गीकृत किया जा सकता है जैसे जैविक (अल्ज़ाइमर या वृद्धावस्था), भावनात्मक (याददाश्त चले जाना), शारीरिक (सिर में मामूली चोट या अन्य आघात) अथवा दवाइयों के प्रयोग के परिणामस्वरूप उत्पन्न भ्रम।

संस्थागत भगोड़े वे व्यक्ति कहलाते हैं जो बाल संरक्षण गृह अथवा मानसिक बीमारी या ऐसी ही किसी बीमारी का इलाज कराते समय बिना विधिवत छुट्टी के अस्पताल से भाग जाते हैं। वे एक वर्ष में कई बार (दो से अधिक बार) लापता हो जाते हैं। अनुपस्थित मित्र की श्रेणी में वे लोग आते हैं जो बिना बताए घर से दूर चले जाते हैं और अपने आप कभी भी लौट आते हैं। ये न केवल पुलिस संस्थाओं के आंकड़ों को बाधित करते हैं बल्कि गुमशुदा की मानक परिभाषा को भी कमजोर करते हैं।

प्रस्तुत अध्ययन में गुमशुदा व्यक्ति वह है जो बिना किसी बाध्यकारी वैधानिक आदेश के, दूसरों की उचित प्रत्याशा तथा/अथवा उनके प्रति उत्तरदायित्वों से मुंह मोड़कर, अपहरण, परिवर्तित मनोदशा अथवा स्वैच्छिक निर्णय के फलस्वरूप अपने सामान्य आवास से अनुपस्थित है तथा जिसके ठिकाने की जानकारी नहीं है अथवा यदि जानकारी है तो वह अवैधानिक निरोध में है।

उक्त विस्तृत परिभाषा में केवल वे व्यक्ति ही सम्मिलित नहीं हैं जो गुमशुदा हैं अथवा जिनके परिवार, मित्र या रिश्तेदार अपने वर्षों के संबंध को बचाने के लिए उन्हें ढूंढ़ रहे हैं बल्कि वे लोग भी शामिल हैं जो किसी अपराध के शिकार हो गए हैं। शुरू में माता-पिता या परिवारजन इस प्रकार के मामलों

में तथ्यों की जानकारी के अभाव में गुमशुदगी दर्ज कराते हैं परन्तु बाद में लाश मिलने पर पुलिस द्वारा मामले को गुमशुदगी से बदलकर अपराध का शिकार कर दिया जाता है।

गुमशुदा व्यक्तियों को एक समस्या के रूप में वर्णन करना कठिन है। लापता व्यक्तियों में से कुछ व्यक्तियों को ढूंढा जा सकना तथा शेष का लापता रहना, जिनकी कोई जानकारी गुमशुदा के परिवार व पुलिस के पास नहीं होती; ऐसी घटनाएं एक सामाजिक लक्षण दर्शाती हैं जो मानव संरक्षण के लिए चिंता का विषय है। जहाँ एक ओर, ढूंढ़े न जा सकने वाले गुमशुदा "सामाजिक बोझ" बन जाते हैं– वे अपनी इच्छानुसार पेशा नहीं चुन सकते, उन्हें दबाव, उत्पीड़न तथा नियंत्रण में रहना पड़ता है; वहीं दूसरी ओर, सामाजिक घटना के रूप में इस विषय के अनेक पहलू तथा प्रत्येक प्रकरण से संबद्ध अनेक लोक सरोकार होते हैं। इसीलिए किसी भी राज्य में गुमशुदा व्यक्तियों के प्रकरणों को पुलिस बड़ी समस्या के रूप में नहीं लेती है, यद्यपि उसके द्वारा की गई कुछ विवेचनाएं समय-समय पर शिकायत का कारण अवश्य बनती हैं।

प्रस्तुत अध्ययन गुमशुदा व्यक्तियों के संपूर्ण विस्तार (बच्चों से लेकर वृद्ध तक) पर केंद्रित है। इस अध्ययन में उन समस्त परिस्थितियों को सम्मिलित किया गया है जिनमें प्रायः व्यक्ति लापता होते हैं। इस विविध समूह में समाज के हाशिए पर खड़े व्यक्ति से लेकर मुख्यधारा में साधारण जीवन जीने वाले व्यक्ति शामिल हैं; इनमें वे लोग भी हैं जिन्होंने गुम होना स्वयं चुना है और वे भी जिन्हें ऐसा करने के लिए मजबूर किया गया है; वे परिस्थितियां भी शामिल हैं जिनमें व्यक्ति स्वतः लापता होता है अथवा किसी के बलात प्रभाव में आकर घर छोड़ता है।

व्यक्ति जब स्वतः घर छोड़ता है तब वह सोचता है कि वह जिस सामाजिक या पारिवारिक ताने-बाने में रहता है उसमें खुद को समायोजित नहीं कर पा रहा है। ऐसा व्यक्ति अपने जीवन से असंतुष्ट होता है तथा इस असंतुष्टता की भावना में वह आत्महत्या भी कर सकता है, लेकिन जब वह इसकी हिम्मत नहीं जुटा पाता है तब उस ताने-बाने को छोड़कर चला जाता है। अतः जब एक व्यक्ति परिस्थितियों से सामंजस्य नहीं बैठा पाता है तब वह स्वतः लापता होता है। ये परिस्थितियां आर्थिक, सामाजिक या पारिवारिक में से एक या अधिक हो सकती हैं। इन परिस्थितियों के अलावा, कई बार व्यक्ति परिवार की अपेक्षाओं को पूरा न कर पाने के दबाव में भी घर छोड़ देता है और उसका वापस लौटना उसकी इच्छा पर निर्भर करता है।

जब व्यक्ति बलात् प्रभाव में आकर घर छोड़ता है तो ऐसी परिस्थितियों में उसका लौटना उसकी इच्छा पर निर्भर नहीं करता - वह अपराध कर सकता है या उसके खिलाफ अपराध हो सकता है। अगर वह युवा है और किसी के प्रेम में घर से भाग गया है तब भी उसका लौटना उस व्यक्ति पर निर्भर करता है जिसके कहने पर उसने घर छोड़ा है। इसी प्रकार जब व्यक्ति आध्यात्मिक अनुभूति के वशीभूत घर छोड़ता है तो उसका घर लौटना उसकी मानसिक स्थिति पर निर्भर करता है। जब उसकी मानसिक स्थिति भौतिक संसार की ओर लौटने के लिए प्रेरित करती है तब ही वह लौटता है।

सामान्यतः एक घटना के रूप में गुमशुदा व्यक्ति की वास्तविकता सापेक्षिक रूप से उन हाईप्रोफाइल प्रकरणों में निहित नहीं होती है जो समय-समय पर अखबार की हैडलाइन्स तथा इलेक्ट्रॉनिक मीडिया में चर्चित होते हैं बल्कि

उन हज़ारों व्यक्तियों में होती है जो चाहे किसी भी कारण से प्रत्येक वर्ष लापता हो रहे हैं। इनमें से अधिकांश लापता होने के प्रकरण पुलिस में पंजीबद्ध कराए जाते हैं और इनमें से कुछ गुमशुदा व्यक्तियों को बिना किसी नुकसान पहुंचे ढूंढ़ लिया जाता है, जबकि अधिसंख्य वे लोग होते हैं जो कभी नहीं मिलते अथवा वे जिनकी पहचान अंततः किसी गंभीर अपराध या दुर्घटना के शिकार के रूप में होती है।

यह विस्मय व चिंता दोनों का विषय है कि पुलिस ने चोरी, लूट, डकैती, हत्या जैसे सनसनीखेज़ प्रकरणों को सुलझाने के लिए सिस्टम बनाया है, हर तरह की वारदात के लिए अलग तरह के मुख़बिर और उनका तंत्र विकसित किया है, लेकिन गुमशुदा लोगों को तलाशने के लिए विशेषज्ञ मुख़बिर नहीं हैं और न ही दो थानों, दो जिलों या दो प्रदेशों के बीच ऐसा सामंजस्य होता है जो ऐसे मामलों की गंभीरता को देखते हुए आवश्यक है। हालांकि ऐसा भी नहीं है कि इस व्यवस्था को सुधारने के प्रयास ही न हुए हों; पिछले एक दशक में गुमशुदा को ढूंढ़ने के प्रयास और उनकी मॉनीटरिंग बढ़ी है, लेकिन ये प्रयास गुमशुदा नाबालिगों के संबंध में तो दिखाई देते हैं परन्तु वयस्क गुमशुदा के बारे में ये आज भी गंभीर नहीं हैं।

पोन्नायन (1992) द्वारा गुमशुदा व्यक्तियों को ढूंढ़ने वाले पुलिस दस्तों की भूमिका और उनके विकास की आवश्यकताओं जैसे कारकों से इतर कुछ नई अनिवार्यताओं के साथ गतिशील उपागम की आवश्यकता के लिए एक अध्ययन किया गया ताकि मानव संसाधन के विकास के लिए अधिकाधिक अवसर प्राप्त हो सकें। संभवतः भारत में गुमशुदा व्यक्तियों पर किया गया यह पहला अध्ययन था।

विषय के औचित्य की दृष्टि से, इस अध्ययन में अनुसंधानकर्ता द्वारा गुमशुदा व्यक्तियों को ढूंढ़ने वाले पुलिस स्क्वाड के पुनर्गठन तथा गुमशुदा व्यक्तियों के संबंध में शासन द्वारा की जाने वाली कार्यवाही हेतु दिशा-निर्देश बनाने के लिए स्थापित मान्यताओं, उपागमों तथा रणनीतियों को नई दृष्टि देने का प्रयास किया गया।

दिल्ली पुलिस प्रशासन के मिसिंग पर्सन्स स्क्वाड के इस विश्लेषणात्मक अध्ययन के लिए तथ्यों का संकलन साक्षात्कार, प्रश्नावली व अवलोकन पद्धतियों द्वारा गुमशुदा व्यक्तियों को ढूंढ़ने, जाँच-पड़ताल करने तथा रोकथाम करने वाले पुलिस कर्मचारियों/अधिकारियों से किया गया। देहली प्रशासन द्वारा लाइसेंस प्राप्त कुछ स्वैच्छिक संस्थाओं को भी अध्ययन में सम्मिलित किया गया। इस अध्ययन में (तब की) केंद्र शासित दिल्ली के 105 थानों में वर्ष 1980 से 1991 तक कुल ढूंढ़े गए गुमशुदा व्यक्तियों में से अध्ययन हेतु 300 व्यक्तियों का चयन किया गया जिनमें पुलिस स्क्वाड द्वारा ढूंढ़े गए, अभिभावकों, रिश्तेदारों, अपरिचितों या स्वैच्छिक संस्थाओं द्वारा ढूंढ़े गए गुमशुदा शामिल थे। इनमें वे लावारिस लाशें भी शामिल थीं जिनकी वास्तविक पहचान स्थापित हो सकी और उन्हें ढूंढ़ा गया गुमशुदा किंतु मृत माना गया। तथ्यों का विश्लेषण देहली की तहसीलों में पदस्थ पुलिस कर्मचारियों द्वारा ढूंढ़े गए तथा तहसील में कुल गुमशुदा व्यक्तियों के संबंध में किया गया।

अध्ययन से यह स्पष्ट हुआ कि गुमशुदा व्यक्तियों के लिए गठित पुलिस स्क्वाड की मुख्य भूमिका बिना समय गंवाये, कंप्यूटर की 'ऑटो मैच सिस्टम' जैसी बहुउपयोगी तकनीक का प्रयोग करते हुए गुमशुदा को खोजना, उनके फोटो संधारित करना, वार्षिक प्रतिवेदन और गुमशुदा व्यक्तियों की राष्ट्रीय

निर्देशिका तैयार करना तथा संधारित करना है। स्क्वाड की आनुषंगिक भूमिका में आधुनिक वैज्ञानिक विधियों के प्रयोग के साथ जाँच-पड़ताल पद्धतियों द्वारा प्रकरण पंजीबद्ध करना तथा गुमशुदा को ढूंढ़ कर दोषी को सजा दिलाना है। गुमशुदा को तुरंत खोजने के लिए विधिसम्मत उपागम का प्रयोग करने तथा गुमशुदा को खोजकर लाने से पुनःस्थापित करने तक उसकी देखभाल करने की संपूर्ण प्रक्रिया में संलग्न स्क्वाड के पुलिसकर्मियों के लिए शासन की तरफ से कोई मानवीय दृष्टिकोण नहीं अपनाया जाता, यहाँ तक कि उनका भूमिका परिप्रेक्ष्य तथा लक्ष्य प्राप्ति तक निर्धारित नहीं है। उनके लिए कोई अभिप्रेरक कारक जैसे, बिना पारी प्रमोशन (आउट ऑफ टर्न प्रमोशन), पुरस्कार, असाधारण एवं सराहनीय सेवाओं के लिए राष्ट्रपति पदक इत्यादि नहीं हैं।

छापे डालना और ऐसे गुमशुदा व्यक्तियों को घेरना तथा पकड़ना जिनका शोषण हो रहा है/हो सकता है; उन्हें मिड-वे केयर होम (मध्यवर्ती ठहराव) उपलब्ध कराना, परामर्श देना तथा जन जागरण कार्यक्रम चलाना स्क्वाड की शेष भूमिका में सम्मिलित हैं। अध्ययन में यह भी ज्ञात हुआ कि स्क्वाड में संलग्न कर्मियों को मानव मनोविज्ञान, व्यवहार विज्ञान का विधिवत प्रशिक्षण नहीं दिया जाता है और न ही उनका गुमशुदा व्यक्तियों से व्यवहार करने का कोई उन्मुखीकरण होता है जिसके फलस्वरूप वांछित परिणाम प्राप्त नहीं हो पाते। अध्ययन के प्रमुख निष्कर्षों में स्थानीय पुलिस में प्रतिवेदित गुमशुदा व्यक्तियों के प्रकरणों का निस्तारण तदर्थ तरीके से करना, स्क्वाड में पदस्थापना को पुलिसकर्मियों द्वारा दण्ड मानना, पुलिस स्क्वाड को पुलिस की उपेक्षित इकाई मानना था, जिसके फलस्वरूप लक्ष्य प्राप्ति कठिन था। पोन्नायन

का निष्कर्ष था कि दुनिया के अन्य देशों में तो 'गुमशुदा' की समस्याओं से निपटने के लिए अनेक कानून हैं परंतु भारत में इनके लिए कोई अधिनियम नहीं है।

नाबालिगों की तलाश में पुलिस स्वतः गंभीर नहीं हुई है बल्कि यह भारत के उच्चतम न्यायालय द्वारा पारित उस आदेश का परिणाम है जिसमें किसी नाबालिग के गुमशुदा होने पर अपहरण का प्रकरण पंजीबद्ध करने के स्पष्ट आदेश हैं। नाबालिग के अपहरण की एफ.आई.आर. होने से पुलिस की प्रतिक्रिया में गंभीरता बढ़ गई है। किंतु अन्य गुमशुदा लोगों की तलाश में सापेक्षिक रूप से कम गंभीरता दिखाई देती है, जिसके परिणामस्वरूप कुछ मामलों में पुलिस की त्वरित प्रतिक्रिया के अभाव में गुमशुदा किसी गंभीर अपराध का शिकार हो जाता है।

वर्ष 2006 में नोएडा, उत्तरप्रदेश के निठारी गांव में 30 लापता बच्चों के साथ हुए अत्यधिक घृणित कार्य तथा शोषण के सबसे खराब स्वरूप को प्रदर्शित करने वाली घटना के बाद भारत में गुमशुदा बच्चों के अध्ययनों की बाढ़ आ गई। निठारी कांड के बाद राष्ट्रीय मानव अधिकार आयोग, नई दिल्ली ने इस बहुस्तरीय तथा बहुआयामी समस्या के लिए एक अनुभवजन्य अध्ययन की आवश्यकता महसूस की तथा शंकर सेन के समन्वय और मुख्य अनुसंधानकर्ता पी.एम. नायर के नेतृत्व में समाज विज्ञान संस्थान, नई दिल्ली के सहयोग से एक विस्तृत अध्ययन किया गया। यूनीफेम द्वारा समर्थित इस अध्ययन में 12 राज्यों के 4000 लोगों का सर्वेक्षण किया गया। वर्ष 2004 से 2006 तक किए गए इस अति महत्वपूर्ण क्रियात्मक अनुसंधान की रिपोर्ट कानून की कमियों, कानून प्रवर्तन अभिकरणों के तालमेल के अभाव, संगठित

गिरोह की संलिप्तता तथा तस्करी की शिकार महिलाओं व बच्चों की व्यथा को उजागर करती है। प्रतिवेदन में यह प्रमुखता से स्पष्ट होता है कि किस प्रकार न ढूंढ़े जा सके गुमशुदाओं की संख्या प्रतिवर्ष लगातार बढ़ रही है अर्थात् लापता व्यक्तियों को ढूंढ़ने के अवसर निरंतर कम हो रहे हैं।

अध्ययन में यह भी पाया गया कि महानगरों में बच्चों की गुमशुदगी लगातार बढ़ रही है। बच्चों को न ढूंढ़ पाने वाले महानगरों की सूची में दिल्ली सबसे ऊपर था, उसके बाद मुंबई, हैदराबाद, कोलकाता तथा बैंगलुरु थे। इन महानगरों में चेन्नई एकमात्र अपवाद महानगर था जहाँ लापता होने वाले बच्चों की संख्या तथा मिल जाने वाले बच्चों की संख्या दोनों अधिक थीं। सर्वेक्षण में वे 510 बच्चे भी शामिल थे जो तस्करों के चंगुल से पुलिस तथा गैर सरकारी संगठनों द्वारा छुड़ाए गए थे तथा अपने घरों में रह रहे थे। इनमें से 40 प्रतिशत बच्चों का कथन था कि उन्हें तब तस्करी कर ले जाया गया था जब वे 10 वर्ष से कम आयु के थे, शेष बच्चों की तस्करी तब हुई थी जब वे 11 से 14 वर्ष के थे। इन बच्चों में से आधे बच्चे कभी स्कूल नहीं गए थे। इन बच्चों की तस्करी परिवार के सदस्यों अथवा ऐसे लोगों ने की थी जो उनके परिवार को जानते थे। केवल 7 प्रतिशत बच्चों ने बताया कि उन्हें अजनबी लेकर गए थे। बच्चों ने यह भी स्वीकार किया कि उन्होंने देखा है कि उनके अभिभावकों ने उनके बदले पैसे लिए।

नोएडा के निठारी कांड के पश्चात् बच्चों की सुरक्षा व्यवस्था की कमजोरियों के उजागर होने के बाद चाइल्ड लाइन इंडिया फाउंडेशन (2007) द्वारा गुमशुदा बच्चों पर

स्वतंत्र रूप से किया गया अध्ययन फाउंडेशन के 30 शहरों में 2003–2006 (3 वर्ष तक) विपत्ति में घिरे बच्चों के लिए संचालित 24 घंटे की राष्ट्रीय हेल्पलाइन पर प्राप्त फोन कॉल्स पर आधारित था। उक्त अध्ययन भारत में गुमशुदा बच्चों की परिस्थिति का विश्लेषण तथा फाउंडेशन के वास्तविक अनुभवों का लेखा–जोखा प्रस्तुत करता है। उक्त अध्ययन के अनुसार, अतिसरलीकृत तरीके से यह कहना अत्यंत कठिन है कि 'कितने गुमशुदा होते हैं' और 'कितने वापस आते हैं' क्योंकि अधिकांश प्रकरणों में पंजीबद्ध होने (जो प्रायः नहीं होते) तथा प्रकरण बंद होने के बीच बड़ी खाई है। अक्सर जब एक बच्चा मिल जाता है तथा अपने परिवार के पास लौट आता है, यह जानकारी उन अधिकारियों तथा संगठनों को नहीं दी जाती है जिन्हें बच्चे के लापता होने की सूचना सबसे पहले दी गई थी। बच्चे के घर लौटने या मिल जाने पर उस बच्चे के परिवार की जिम्मेदारी है कि वह इस जानकारी के घेरे को बंद करे क्योंकि गुमशुदा बच्चों के प्रकरणों की सामयिक स्थिति की निगरानी करने का उत्तरदायित्व प्रशासनिक अधिकारियों का होता है। उक्त अध्ययन के अनुसार, गुमशुदा बच्चों की सुरक्षा के लिए कोई तंत्र तथा उस तंत्र का मुस्तैदी से क्रियान्वयन का अभाव है, जो इस समस्या के लिए किसी हद तक उत्तरदायी है। इस संबंध में अनुशंसाओं की बाढ़ है, प्रयासों की भी कमी नहीं है किंतु सफलता प्राप्त करने के लिए एक स्थिर एवं व्यावहारिक रणनीति की आवश्यकता है।

मौजूदा बच्चों के अधिकारों की व्यवस्था को सुदृढ़ करने तथा सरकारी एवं गैर–सरकारी संगठनों के साथ साझेदारी करके नागरिक समाज में जागरूकता तथा उनकी सहभागिता

हेतु पहल करने वाला यह अध्ययन सुझाव देता है कि गुमशुदा बच्चों के लिए एक नोडल एजेंसी की आवश्यकता है जो विभिन्न अभिकरणों के नेटवर्क के साथ जुड़कर इस समस्या को परिभाषित करने तथा निगरानी करने का पुरज़ोर प्रयत्न करे। इन एजेंसियों के नेटवर्क में मुख्य रूप से पुलिस तथा उनका मुखबिर तंत्र, केन्द्र तथा राज्य सरकारों के विभिन्न मंत्रालय, रेल तथा सड़क परिवहन व्यवस्था, विभिन्न क्षेत्रों (जैसे अधिकारों, जेण्डर, मानव तस्करी, बालश्रम, शिक्षा, अशक्तता तथा कानून व्यवस्था आदि) में कार्य करने वाले गैर-सरकारी संगठन, शेल्टर होम्स, मीडिया एवं सूचना प्रोद्यौगिकी सम्मिलित हैं।

वर्ष 2006 में बचपन बचाओ आंदोलन ने दिल्ली में गुमशुदा बच्चों के लिए एक मुहिम चलाई। इस अभियान के दौरान संस्था को पुलिस द्वारा गुमशुदा बच्चों के प्रकरण पंजीबद्ध न करने तथा जाँच न करने जैसी समस्याएं प्रकाश में आईं। जब संस्था द्वारा भारत के मुख्य न्यायाधीश को गुमशुदा बच्चों के विषय में हस्तक्षेप करने के लिए एक पत्र लिखा गया तब दिल्ली उच्च न्यायालय ने इस विषय का संज्ञान लेकर पुलिस को गुमशुदा बच्चों के संबंध में आपराधिक प्रकरण दर्ज करने तथा दिल्ली के प्रत्येक गुमशुदा बच्चे की जाँच के निर्देश पारित किए। इस आदेश के प्रभाव में वर्ष 2009 से गुमशुदा बच्चों के प्रकरण पुलिस द्वारा पंजीबद्ध तथा जाँच किए जाने लगे।

संस्था द्वारा यह शोध अध्ययन न केवल गुमशुदा बच्चों की समस्या की प्रकृति व विस्तार को समझने के लिए वरन् भारत में इस समस्या संबंधी नीतिगत ढांचे के परिस्थितिजन्य विश्लेषण के उद्देश्य से किया गया। इस अध्ययन का प्रयास समस्या संबंधी कमियों का अन्वेषण करना तथा इस मुद्दे का

सामूहिक रूप से हल ढूंढ़ना एवं आम जनता को बच्चों के अधिकारों के विषय पर संवेदनशील बनाना था।

उक्त अध्ययन संबंधी आंकड़े 2 वर्ष के समयांतराल (जनवरी 2008 से जनवरी 2010 तक) में भारत के 20 राज्य तथा 4 केंद्र शासित राज्यों से संकलित किए गए। गुमशुदा बच्चों के संबंध में आंकड़े उपलब्ध न कराने वाले राज्य पंजाब, राजस्थान, गुजरात, उड़ीसा, तमिलनाडु तथा जम्मू-कश्मीर थे। गुणात्मक एवं गणनात्मक दोनों उपागमों का उपयोग कर किए गए इस अध्ययन को अंतिम रूप देने के लिए प्राथमिक एवं द्वितीयक दोनों प्रकार के आंकड़ों का प्रयोग किया गया। गुमशुदा बच्चों के माताओं-पिताओं द्वारा बचपन बचाओ आंदोलन को की गई शिकायतें मुख्य प्राथमिक तथ्य थे, जबकि सूचना के अधिकार द्वारा संकलित जानकारियां, राष्ट्रीय अपराध रिकॉर्ड ब्यूरो, राष्ट्रीय मानव अधिकार आयोग तथा अन्य गैर-सरकारी संस्थाओं से प्राप्त जानकारियों का उपयोग तथ्य संकलन के द्वितीयक स्त्रोत के रूप में किया गया। अध्ययन में आंकड़ों को तीन वर्गों में बांटा गया—पंजीबद्ध गुमशुदा, ढूंढ़ लिए गए तथा जो नहीं ढूंढ़े जा सके। अध्ययन में बच्चों के गुम होने के कारणों में अंतर्जात कारक जैसे उदासीन पारिवारिक संबंध, निराश्रय तथा बहिर्जात कारकों में अपहरण, बंधक, प्रलोभन, जबरदस्ती, छल आदि मुख्य थे।

अध्ययन के मुख्य निष्कर्ष निम्नानुसार थे -

- न्याय व्यवस्था के अनुसार गुमशुदा बच्चों की कोई स्पष्ट परिभाषा नहीं है, जो प्रकरणों के निराकरण में भ्रम पैदा करती है।

- राष्ट्रीय स्तर पर गुमशुदा बच्चों के विषय को संबोधित करने के लिए भारत में कोई विस्तृत प्रोटोकॉल नहीं है, जिसमें सभी राज्यों/केंद्रशासित प्रदेशों तथा अन्य हितधारकों को शामिल किया जाए।
- गुमशुदा बच्चों के पंजीबद्ध, लौटने व न लौटने वाले प्रकरणों की जानकारी को संरक्षित तथा अद्यतन करने की कोई यथोचित प्रक्रिया नहीं है।
- ऐसी एजेंसियां जो गुमशुदा बच्चों के प्रकरणों की निगरानी व निस्तारण के लिए हैं, उनमें आपसी समन्वय का अभाव है।
- शहरी क्षेत्रों में बच्चों के गुम होने के पंजीबद्ध प्रकरणों की संख्या अधिक है।
- यातायात सुविधा संपन्न तथा संचार साधनों से युक्त क्षेत्रों में पंजीबद्ध गुमशुदा बच्चों के प्रकरण अधिक हैं।
- अंतर्राष्ट्रीय सीमा वाले जिलों एवं राज्यों में गुमशुदा बच्चों के अधिक प्रकरण पंजीबद्ध हैं।
- घुमंतू जनसंख्या वाले क्षेत्रों से, जिनमें गंदी बस्तियां भी सम्मिलित हैं, अधिक गुमशुदा बच्चों के प्रकरण पंजीबद्ध होते हैं।
- सामाजिक रूप से पिछड़े व आर्थिक रूप से गरीब परिवेश वाले परिवार एवं बच्चे सर्वाधिक पीड़ित होते हैं।

इस प्रकार, बचपन बचाओ आंदोलन द्वारा गुमशुदा बच्चों पर किया गया यह अध्ययन एक पहल है जिसका उद्देश्य भारत में सम्पूर्ण वैधानिक ढांचे की पहचान करना, नीतियों, सामाजिक प्रत्यक्षीकरण तथा उन कारणों तथा तरीकों को जानना था, जिनसे गुमशुदा बच्चों की समस्या से निपटा जा सकता

है तथा उसे सुलझाया जा सकता है। अध्ययन से यह भी स्पष्ट हुआ कि गुमशुदा बच्चों के उन माताओं-पिताओं की सर्वाधिक दुर्दशा है जो अपने गुमशुदा बच्चों की रिपोर्ट कई कारणों से नहीं लिखवाते। अनौपचारिक आकलन के अनुसार, गुमशुदा बच्चों की संख्या प्रस्तुत अध्ययन में दर्शाए आंकड़ों से दस गुना अधिक होगी क्योंकि अधिकांश तस्करी के शिकार बच्चों को गुमशुदा प्रकरणों में सम्मिलित नहीं किया जाता या उनका कोई औपचारिक रिकॉर्ड नहीं रखा जाता। शिक्षा, स्वास्थ्य एवं लिंग आदि भी गंभीर रूप से गुमशुदा बच्चों की प्रघटना को प्रोत्साहित करते हैं। अध्ययनकर्ताओं का यह अवलोकन है कि सामाजिक-आर्थिक दशाएं गुमशुदा बच्चों की प्रघटना के लिए सर्वाधिक महत्वपूर्ण कारक हैं।

एक अन्य मुद्दा जो इस अध्ययन से उभरकर सामने आया कि गुमशुदा बच्चों के मामलों में कानून को व्याख्यायित तथा लागू करना, प्रकरण की तफ्तीश करने वाले पुलिस अधिकारी के ज्ञान और समस्या को हल करने के तरीके तथा गुमशुदा बच्चे के माता-पिता की सामाजिक-आर्थिक पृष्ठभूमि पर निर्भर करता है। चूंकि भारत में, गुमशुदा बच्चों की विशिष्ट परिभाषा नहीं है, इसलिए एक निम्न कोटि के पुलिस अधिकारी के लिए गुमशुदा बच्चों की प्रकृति एवं संदर्भ को समझने में कठिनाई होती है, उन्हें यह भी जानकारी नहीं होती कि किस कानून के तहत ऐसे प्रकरणों की विवेचना होना चाहिए।

राष्ट्रीय, राज्य, जिला अथवा तहसील स्तर पर कोई ऐसी व्यवस्था नहीं है जहाँ गुमशुदा बच्चों संबंधी विविध जानकारियां एकत्र की जा सकें या प्राप्त की जा सकें। हालांकि कुछ जानकारियां तो संधारित की जाती हैं परन्तु इनमें ऐसी व्यापक

और केन्द्रीकृत जानकारियां नहीं हैं कि पिछले वर्षों में या गत वर्ष में कितने बच्चे लापता हुए, कितने अपने माता-पिता के पास लौट आये, कितनों के पंजीबद्ध प्रकरण अब भी खुले हैं आदि। यहाँ तक कि कानून व्यवस्था में संलग्न विभिन्न अभिकरणों में भी परस्पर जानकारी साझा करने की उचित व्यवस्था नहीं है। निष्कर्षतः यह कहा जा सकता है कि राष्ट्रीय स्तर पर, राज्य स्तर पर, जिला स्तर पर अथवा तहसील स्तर पर ऐसा कोई संस्थागत ढांचा नहीं है जो अभिभावकों की तथा गुमशुदा बच्चों की दुर्दशा पर सहानुभूतिपूर्वक विचार करता हो।

गुमशुदा बच्चों एवं महिलाओं पर किए गए अध्ययनों की तुलना में गुमशुदा वयस्कों पर शोध साहित्य की कमी है तथा जिन विद्वानों ने इस विषय पर अध्ययन किए हैं, उन्होंने भी गुमशुदा व्यक्तियों की विशेषताओं को जानने, गुम होने के प्रश्न को परिभाषित करने अथवा उनके प्रकारों को विकसित करने का कार्य किया है। ये थोड़े अध्ययन भी सैद्धांतिक रूप से पुलिस आंकड़ों के विश्लेषण पर आधारित हैं, चाहे वह हिर्शेल एण्ड लैब (1988) द्वारा अमेरिकन्स पर किया गया अध्ययन हो, जो गुमशुदा व्यक्तियों की विशेषताओं का तथा उनके लापता होने और वापस आने की परिस्थितियों का वर्णनात्मक विश्लेषण करता है। अथवा आस्ट्रेलिया में 270 गुमशुदा व्यक्तियों के परिवारों तथा मित्रों पर किया गया अध्ययन, जिसका उद्देश्य गुमशुदा प्रकरणों के कारण ऑस्ट्रेलियन समुदाय पर होने वाली सामाजिक तथा आर्थिक लागत का मूल्यांकन करना था (हेन्डर्सन एट आल, 2000)। ये दोनों अध्ययन 'गुमशुदा' को परिभाषित करने में आने वाली अवधारणात्मक जटिलताओं को उठाते हैं तथा वयस्क गुमशुदा

के मुद्दों पर अध्ययनों की कमी को रेखांकित करते हैं। अमेरिका तथा ऑस्ट्रेलिया में किए गए उक्त दोनों अध्ययनों में जब वयस्कों तथा 18 वर्ष से कम आयु वाले युवाओं के लापता होने के तरीकों की तुलना की गई, तब यह पाया गया कि जो वयस्क लापता हुए वे किसी मानसिक स्वास्थ्य संबंधी समस्या अथवा अक्षमता से पीड़ित थे और उनमें इससे पहले कभी लापता होने की संभावना नहीं देखी गई थी।

ऑस्ट्रेलिया में किए गए अध्ययन में गुमशुदा व्यक्तियों की परिस्थितियों तथा अभिप्रेरणाओं को जानने के लिए उनके परिवारों और/अथवा उन एजेंसियों से अतिरिक्त जानकारी एकत्रित की गई जो गुमशुदा व्यक्तियों के परिवारों के साथ कार्य करती थीं। इन अतिरिक्त तथ्यों से यह ज्ञात करने का प्रयास किया गया कि लोग जानबूझकर लापता हुए अथवा नहीं एवं क्या यह मुद्दा गुमशुदा व्यक्तियों के विभिन्न स्वरूपों को निर्मित करने के प्रयासों को मजबूत करता है?

बीहल, मिशैल एण्ड वेड (2003) द्वारा ब्रिटेन में गुमशुदगी से वापस लौटे 1599 व्यक्तियों पर किया गया अध्ययन उन व्यक्तियों के लापता होने के लिए उत्तरदायी अभिप्रेरकों तथा घर से लापता रहने पर उनके अनुभवों का अन्वेषण है। यह माना जाता है कि यह पहला अध्ययन है जिसमें गुमशुदा व्यक्तियों ने स्वयं अपने विचार प्रस्तुत किए हैं। उक्त अध्ययन यह भी दर्शाता है कि किन परिस्थितियों में गुमशुदा अपने घर वापस लौटता है और पीछे छूटे लोगों से अपने संबंध कैसे पुनर्जीवित करता है। अध्ययन के अंत में, गुमशुदा व्यक्तियों के लिए तथा उनके परिवारों की बेहतरी के लिए नीतिगत प्रतिक्रियाओं की चर्चा की गई है।

उन परिवारों के अनुभवों पर तो बहुत ही कम या न के बराबर अध्ययन हुए हैं जिनके परिवार से कोई गुमशुदा है। बॉस (2000) द्वारा गुमशुदा व्यक्तियों के परिवारों पर किए गए अध्ययनों से कुछ प्रासंगिक अवधारणाएँ विकसित हुईं। उसने ऐसे परिवारों के संबंध में विस्तार से लिखा है जो 'अस्पष्ट क्षति' को भुगतते हैं; चाहे वह हानि परिवार के किसी सदस्य के गुमशुदा होने की वजह से हो और उसकी नियति की जानकारी न हो या ऐसे व्यक्ति के कारण जो सशरीर तो उपस्थित हो किन्तु उसका व्यक्तित्व अल्ज़ाइमर या डिमेंशिया जैसी किसी मानसिक अस्वस्थता के कारण खो गया हो। अस्पष्ट क्षति की उक्त अवधारणा परिवार के सदस्यों को होने वाले तनाव, तनावों से मुकाबला करने की रणनीतियाँ तथा उनके मनोसामाजिक प्रभावों के विश्लेषण करने का ढांचा उपलब्ध कराती है।

इंटरनेशनल कमेटी ऑफ द रेडक्रॉस, नेपाल (2009) ने नेपाल में हुए माओवादी राजद्रोह (13 फरवरी 1996 से 21 नवंबर 2006 तक) के दौरान नेपाल पुलिस, सशस्त्र पुलिस बल तथा रॉयल नेपाल आर्मी अथवा नेपाल की कम्युनिस्ट पार्टी (माओवादी) से संबद्ध लोगों द्वारा पकड़े गये तथा तब से गुमशुदा व्यक्तियों के परिवारों के अध्ययन द्वारा यह ज्ञात करने का प्रयत्न किया कि उन गुमशुदा व्यक्तियों के परिवारों की दशा कैसी है जिनके परिजनों के बारे में 10 साल 9 माह 8 दिन से कोई सूचना नहीं है? अध्ययन का निष्कर्ष था कि गुमशुदा व्यक्तियों के परिवार तथा उनसे संबंधित व्यक्ति व्यावहारिक प्रभावों से उबरने के लिए संघर्ष कर रहे थे, विशेषतः आर्थिक रूप से, जबकि वे अपने प्रियजन के लापता होने के भावनात्मक तनाव सहन कर रहे थे। उन्हें यह भी नहीं

मालूम था कि उनके संबंधी जीवित हैं अथवा उन्हें मार दिया गया। वे उन अनेक परेशानियों से जूझ रहे थे जो परिवार के प्रत्येक सदस्य के दैनिक जीवन को प्रभावित कर रही थीं।

उल्लिखित अधिकांश अध्ययन गुमशुदा व्यक्तियों के परिवारों का सम्पूर्ण परिदृश्य प्रस्तुत नहीं करते हैं। इस कमी की प्रतिपूर्ति हेतु इस अध्ययन में गुमशुदा व्यक्तियों के परिवारों में अभावबोध, परिवार की आवश्यकताओं तथा उनकी चुनौतियों को सम्मिलित किया गया है। इस अध्ययन में 'परिवार' तथा 'संबंधियों' को वृहद संदर्भ में प्रयुक्त किया गया है, जिसमें सांस्कृतिक परिवेश में 'परिवार' में परिवार के सदस्य एवं 'संबंधियों' में मित्र एवं सगे संबंधी शामिल हैं। अध्ययन के पद्धतिशास्त्र तथा गुमशुदा व्यक्ति और उनके पीड़ित परिवारों की चर्चा अगले अध्याय में की गई है।

2

गुमशुदा व्यक्ति एवं उनके पीड़ित परिवार

"मुझे अपने बच्चे के लिए बहुत चिंता और घबराहट हो रही है। नहीं मालूम कि वह कहाँ चला गया? उसे कौन ले गया? बार-बार पुलिस से गुहार लगा रहा हूँ। जो जहाँ बताता है, वहाँ ढूँढ़ने जाता हूँ। कोई तो ला दो मेरे बच्चे को।"

(एक गुमशुदा बच्चे का पिता)

भारत में प्रत्येक वर्ष लाखों लोगों के लापता होने के प्रकरण पुलिस में पंजीबद्ध होते हैं। यद्यपि इनमें से बहुत से प्रकरण सुलझा भी लिए जाते हैं तथापि अनेक लोग अपने परिवारों को दुःख सहने के लिए पीछे छोड़कर लंबे समय तक लापता रहते हैं। हर साल गुम होने वाले व्यक्तियों की इतनी ज्यादा संख्या होने के बावजूद उनके परिवारों की दिन-प्रतिदिन के अनुभवों की बहुत कम जानकारी मिलती है। उक्त अध्ययन इसी अभाव को दूर करने का एक प्रयत्न है। यह न केवल गुमशुदा परिवारों के अनुभवों का अन्वेषण करता

है बल्कि गुमशुदा व्यक्तियों के परिवारों की आवश्यकताओं और उनके व्यवस्थापन को भी उजागर करता है।

अध्ययन की रूपरेखा इस अवधारणा पर आधारित है कि समस्या पीड़ित परिवार से बेहतर कोई और नहीं जानता। केवल वे ही जानते हैं कि उनकी जरूरतें क्या हैं? और ये उन्हें कैसे मिलना चाहिये? इसलिए प्रस्तुत अध्ययन की संरचना परिवार को केंद्र में रखकर की गई है। अध्ययन के उद्देश्य तथा शोध प्रक्रिया के निर्धारण में पीड़ित परिवार के मुखिया, घटना के अनुसंधान में संलग्न पुलिसकर्मी–अधिकारी तथा गैर–सरकारी संगठनों से जुड़े लोगों को सम्मिलित किया गया है तथा बेहतर परिणाम प्राप्त करने के लिए अध्ययन में स्वतंत्र उपागम का उपयोग किया गया है। प्रस्तुत अध्ययन के द्विस्तरीय उद्देश्य हैं: एक, ग्वालियर जिले में वर्ष 2007 से 2015 के बीच गुमशुदा व्यक्तियों के परिवारों में अभावबोध का अध्ययन करना तथा दूसरा, गुमशुदा व्यक्तियों के परिवारों की आवश्यकताओं तथा उनके व्यवस्थापन का अध्ययन करना है।

इस अध्ययन में 34 ऐसे प्रतिनिधि परिवारों के जवाबदेह व्यक्तियों (मुखियाओं तथा अन्य सदस्यों) के गहन साक्षात्कार सम्मिलित किए गए हैं जिनके परिवारजन लापता हैं। इसमें आवश्यकताओं का अध्ययन प्रचलित अधिकार आधारित परिप्रेक्ष्य के विपरीत है जो एक स्थापित कानूनी पक्ष है। क्योंकि अधिकार वह अवधारणा है जिसकी मांग की जाती है; जबकि प्रस्तुत अध्ययन इस अवधारणा पर आधारित है कि गुमशुदा व्यक्ति का परिवार अधिकार की भाषा का प्रयोग नहीं करता बल्कि उन आवश्यकताओं और चुनौतियों की चर्चा करता है जो उनके समक्ष प्रतिदिन उपस्थित होती हैं।

इस प्रकार प्रस्तुत अध्ययन के विस्तृत उद्देश्य निम्न हैं :

1. गुमशुदा व्यक्तियों और उनके परिवारों पर अपेक्षाकृत कम हुए अध्ययनों तथा अन्य संबंधित साहित्य की समीक्षा करना।
2. व्यक्ति के लापता हो जाने पर पीछे छूटे परिवारों की आवश्यकताओं को पहचानना।
3. यह भी अन्वेषण करना कि किस प्रकार एक गुमशुदा परिदृश्य परिवार के सदस्यों पर अलग-अलग प्रभाव डालता है।
4. गुमशुदा व्यक्ति के परिवारों को मिलने वाली पुलिस सहायता की कमियों को रेखांकित करना।
5. गुमशुदा व्यक्तियों के प्रकरणों के प्रति प्रेस तथा मीडिया द्वारा दी गई प्राथमिकता का अध्ययन करना।
6. गुमशुदा व्यक्तियों के परिवारों की समस्याओं को कम करने के लिए नीति-निर्धारण हेतु क्षेत्रों की पहचान करना।
7. गुमशुदा तथा उनके परिवारों के अधिकारों के प्रति जनसामान्य एवं सरकारी तंत्र को संवेदनशील बनाना।

अध्ययन क्षेत्र

ग्वालियर भारत में मध्यप्रदेश राज्य का एक जिला एवं संभागीय मुख्यालय है। भारत भूमि पर इसका केन्द्रीय स्थान है। इस जिले का क्षेत्र $77^0 40'$ और $78^0 54'$ देशांतर (पूर्व दिशा) तथा $25^0 34'$ और $26^0 21'$ अक्षांश (उत्तर दिशा) के बीच फैला हुआ है। ग्वालियर का नाम ऐतिहासिक चट्टानी किले से लिया गया है, जो मैदानी इलाके से 300 फुट की ऊंचाई पर स्थित

होकर एक प्रभावशाली लैंडमार्क बनाता है। अपनी केन्द्रीय अवस्थिति के कारण, ग्वालियर का इतिहास में राजनीतिक रूप से महत्वपूर्ण स्थान रहा है। प्राचीनकाल से लेकर ब्रिटिश शासन तक ग्वालियर की राजनीतिक सीमाएँ कभी स्थिर नहीं रहीं। ये व्यावहारिक रूप से एक शासनकाल से दूसरे शासनकाल और एक राजवंश से दूसरे राजवंश (जैसे गुर्जर प्रतिहारों, कच्छपघातों तथा तोमरों के शासनकाल) तक विस्तारित और सिकुड़ती रही हैं। हालांकि, ग्वालियर क्षेत्र की अपनी निश्चित प्राकृतिक सीमाएँ हैं। उत्तर और उत्तर-पश्चिम में यह चंबल नदी से घिरा है, पूर्व और दक्षिण-पूर्व में सिंध नदी बहती है और पार्वती और क्वारी नदियाँ इसकी दक्षिण-पश्चिमी सीमाएँ निर्धारित करती हैं।

'ग्वालियर' नाम इस क्षेत्र के पुराने नामकरण से लिया गया है। नाम की उत्पत्ति पर अनेक पौराणिक, भौगोलिक, ऐतिहासिक तथा बसाहट-प्रवृत्त विश्लेषण हैं। किंवदंतियों के अनुसार, ग्वालियर का नाम ग्वालिपा नामक एक तपस्वी के नाम पर पड़ा है, जिन्होंने कछवाहा राजकुमार सूरज सेन, जो मूलतः कांतिपुरी (कुतवार, जिला मुरैना) का निवासी था, के कुष्ठ रोग को ठीक किया था। ऐसा कहा जाता है कि सूरज सेन को पहाड़ी की तलहटी में रहने वाले सिद्ध संत ने पीने के लिए पानी दिया। पानी पीते ही राजकुमार का कुष्ठ रोग ठीक हो गया। तब तपस्वी ने सूरज सेन को पहाड़ी पर एक किला बनाने तथा पानी के कुंड को बड़ा करने के लिए कहा। आदेश का पालन करते हुए, सूरज सेन ने यहाँ कुछ निर्माण कार्य किए और इस बस्ती का नाम संत ग्वालिपा के नाम पर रखा। चूंकि यह बस्ती शासक की लाइलाज बीमारी से ठीक

होने की स्मृति में बनाई गई थी, इसलिए यह अनुमान लगाया जा सकता है कि बस्ती का विवरण एक तीर्थ के साथ-साथ एक किले के रूप में इसके महत्व को रेखांकित करता है। यह भी कहा जाता है कि उस कुंड का नाम जिससे पानी पीने पर सूरज सेन की बीमारी ठीक हो गई थी सूरज कुंड रखा गया।

किले से संबंधित शिलालेखों में जिस पहाड़ी पर किला बना है, उसे मूल रूप से 'गोपाचल' (चरवाहों की पहाड़ी) या 'गोपगिरि' या 'गोपाद्रि' कहा गया है। बहरहाल, ये शब्द इस क्षेत्र में प्रारंभिक बसने वालों की अर्ध-पशुपालिक विशेषताओं को परिभाषित करते हैं, जिसने अंततः इस बस्ती को तथा इस क्षेत्र को नाम दिया।

ग्वालियर में निवास का पहला ऐतिहासिक साक्ष्य मध्य पाषाणयुग का है। हालांकि, इस क्षेत्र में सभ्य जीवन 8वीं/7वीं शताब्दी के आसपास शुरू हुआ। अपने लम्बे इतिहास के दौरान, ग्वालियर ने कला, संस्कृति, संगीत और वास्तुकला के क्षेत्र में प्रसिद्धि हासिल की। ग्वालियर के शासक राजवंश राजपूत या मुस्लिम रहे हैं जिन्होंने ईसाई युग की पहली सहस्त्राब्दी में भारत पर आक्रमण किया था। इसका एक मात्र अपवाद हूणों का शासन है जो छठी शताब्दी ई.पू. के आसपास ग्वालियर की गद्दी पर बैठे थे। इन शासक राजवंशों में गुर्जर प्रतिहार, कच्छपघात और तोमर विशेष रूप से उल्लेखनीय हैं। तुर्क आक्रमणकारियों के आगमन से पहले कच्छपघात लगभग डेढ़ शताब्दी तक शासन करते रहे। तोमरों ने थोड़े कम समय तक शासन किया लेकिन दिल्ली के सुल्तानों सहित उनके कई प्रतिद्वंद्वी थे। राजपूत राजवंशों में, तोमर शासकों ने दूसरों की तुलना में ग्वालियर के सांस्कृतिक विकास में तुलनात्मक रूप से अधिक रूचि दिखाई। ग्वालियर के इतिहास में तोमर राजा

मान सिंह की बुद्धिमता उल्लेखनीय है। कुछ इतिहासकारों ने उसके शासन को 'स्वर्ण युग' कहा है।

मुगलों के आगमन के साथ, ग्वालियर का इतिहास काफी हद तक बदल गया। मुगल साम्राज्य की सीमाएँ दूर-दूर तक फैली हुई थीं। मुगलों ने ग्वालियर किले को राजसी कैदियों के लिए शाही जेल का दर्जा दिया तथा कुछ मुगल सुल्तानों ने इसे आनंद स्थल के रूप में इस्तेमाल किया। मुगलों के पतन के बाद मराठों ने ग्वालियर पर कब्जा कर लिया। सिंधिया ग्वालियर के शासक बने एवं सिंधिया और गोहद के पड़ोसी जाटों के बीच एक नई क्षेत्रीय प्रतिद्वंद्विता सामने आई। इसके परिणामस्वरूप दोनों के बीच घमासान युद्ध हुआ। हालांकि सिंधियाओं ने अंग्रेजों का समर्थन हासिल कर लिया और अंततः अपने लिए एक मजबूत और स्थिर राज्य बना लिया जो 1947 में स्वतंत्र भारत संघ में रियासतों के विलय तक बना रहा। आज ग्वालियर जिला एक समृद्ध जिला है और विकासशील औद्योगिक क्षेत्र के रूप में देखा जाता है।

ग्वालियर पुलिस

ग्वालियर जिला पुलिस जवानों और थानों की कमी से जूझता रहा है। ग्वालियर जिले में कुल 37 थाने स्थित हैं, इनमें से 4 थानों का गठन पिछले 5 सालों में किया गया है। जनसंख्या व क्षेत्रफल की दृष्टि से वर्ष 2011 में ग्वालियर थाने के कुछ हिस्से को हटाकर नया थाना हजीरा तथा मुरार थाने के एक हिस्से को हटाकर थाना थाटीपुर बनाया। सिरौल थाना मुरार, थाटीपुर और विश्वविद्यालय थाने के हिस्सों को मिलाकर बनाया गया। इसी तरह से डबरा ब्लॉक में डबरा

देहात थाने का गठन किया गया। इसके अलावा जिले में 1 महिला थाना और 1 अनुसूचित जाति जनजाति थाना तथा 1 ट्रैफिक पुलिस थाना है।

निदर्शन एवं तथ्य संकलन

प्रस्तुत अन्वेषणात्मक एवं वर्णनात्मक अध्ययन हेतु सर्वप्रथम गुमशुदा प्रकरणों (वर्ष 01.01.2007 से 31.12.2015 तक) की जानकारी ग्वालियर जिले के पुलिस थानों से एकत्रित की गई। इन एकत्रित समंकों में ग्वालियर जिले में समस्त पंजीबद्ध (दस्तयाब एवं अदम दस्तयाब) गुमशुदा प्रकरण सम्मिलित थे। लगभग दो वर्ष की समयावधि में संकलित इन तथ्यों को एकत्र करने का उद्देश्य अध्ययन का समग्र निर्धारित करना था।

सारणी 2.1: ग्वालियर जिले में गुमशुदा

वर्ष	पुरुष	महिला	योग
2007	343	295	638
2008	318	297	615
2009	348	335	683
2010	533	587	1120
2011	550	605	1155
2012	525	561	1086
2013	590	560	1150
2014	399	398	797
2015	498	595	1093
योग	**4104**	**4233**	**8337**
औसत	**456**	**470**	**927**

स्रोतः मध्यप्रदेश पुलिस।

पहले समग्र को लिंग के आधार पर तथा वापस लौट आने तथा न वापस लौटने के आधार स्तरीकृत किया गया तब उनमें से न्यादर्शों का चयन स्तरीकृत दैव निदर्शन प्रविधि का प्रयोग कर किया गया तथा पुनरावृत्ति वाले प्रकरणों को हटाकर 141 परिवार अध्ययन हेतु उपयुक्त पाए गए। परिवारों के चयन के उपरांत परिवार के जवाबदेह व्यक्ति/मुखिया (स्त्री अथवा पुरुष) से संपर्क स्थापित किया गया। अध्ययनकर्ता को यह ज्ञात था कि किसी भी परिवार के लिए उसके प्रियजन का लापता हो जाना एक अत्यंत संवेदनशील विषय है, अतः परिवार के जवाबदेह व्यक्ति से इस मर्मस्पर्शी विषय पर चर्चा हेतु उन्हें तैयार करने के लिए बार-बार संपर्क करना पड़ा। जिन परिवारों में मुखिया का दायित्व महिला पर था, उनसे घरों पर तथा पुरुषों से कई बार उनके कार्यस्थल पर संपर्क स्थापित कर जानकारी एकत्र की गई।

यह सुनिश्चित करने के बाद कि अध्ययन की प्रक्रिया किसी भी व्यक्ति के अधिकारों का हनन नहीं करेगी, तब इस गहन एवं व्यापक समस्या के बारे में गहराई से जानने के लिए अध्ययन से पूर्व, अध्ययन में सम्मिलित समस्त उत्तरदाताओं से उनकी सहमति ली गई तथा उन्हें यह विश्वास दिलाया गया कि उनसे प्राप्त जानकारी गोपनीय रहेगी तथा उसका उपयोग केवल शोध अध्ययन हेतु किया जाएगा। उन्हें यह भी स्पष्ट किया गया कि वे अध्ययन के किसी भी स्तर पर स्वयं को अध्ययन से अलग कर सकते हैं।

अध्ययन में सम्मिलित परिवारों में से 34 वयस्कों का गहन साक्षात्कार किया गया, ये वे व्यक्ति थे जो गुमशुदा व्यक्ति के

प्रकरण से जुड़े थे तथा जिन्हें प्रकरण के समस्त पहलुओं की जानकारी थी। अध्ययन की प्रारंभिक अवस्था में यह स्पष्ट हो गया था कि परिवार के किसी व्यक्ति के लापता हो जाने से सर्वाधिक व विशिष्ट प्रभाव महिलाओं पर होता है, इसलिए अध्ययन में यह वैज्ञानिक प्रयास किया गया कि महिलाओं की अधिकतम भागीदारी हो। इन गहन साक्षात्कारों में 25 पुरुष व 9 महिलाओं का साक्षात्कार किया गया; इनमें 5 माँ, 15 पिता, 3 भाई, 5 पुत्र/पुत्रियां, 3 पत्नियाँ तथा 3 अन्य रिश्तेदार थे।

अध्ययन विधियां

गुमशुदा व्यक्ति घटना के उपरांत परिवारों पर पड़ने वाले प्रभावों की प्रधानता तथा विस्तार का आकलन करने, पीछे छूटे परिवारों द्वारा चुकाई जाने वाली कीमतों और अंततः समाज पर पड़ने वाले प्रभावों का अध्ययन करने वाले प्रस्तुत अध्ययन में उन विधियों को उपयोग में लाया गया है जिनके प्रयोग से संकलित तथ्यों का अनुकूलतम उपयोग किया जा सके। मुख्य रूप से प्रभावशाली त्रिकोणमितीय संभावना को विस्तार देने हेतु मिश्रित अध्ययन विधियों को उपयोग में लाया गया है ताकि अध्ययन में वांछित विश्वसनीयता व वैधता बनी रह सके। इस अध्ययन में निम्नांकित अध्ययन विधियों का उपयोग किया गया है:

1. अर्द्ध–संरचनात्मक साक्षात्कार हेतु एक साक्षात्कार–अनुसूची का निर्माण किया गया। वार्तालाप के क्षेत्र पहले से निर्धारित थे, जिन पर उत्तरदाता अपने तरीके से बात कह सकते थे। प्रत्येक साक्षात्कार में औसतन 60 मिनट का समय लगा।

2. पूरे परिवार के साथ एक साथ बातचीत में मुखिया से साक्षात्कार के साथ-साथ पूरे परिवार के साथ समूह के रूप में भी बातचीत की गई तथा परिवार के प्रत्येक सदस्य को अपनी बात कहने का अवसर दिया गया। पीड़ित परिवार तथा घटना पर केंद्रित उक्त बातचीत में परिवार के सदस्यों पर पड़ने वाले अलग-अलग प्रभावों/अनुभवों को साझा करने तथा आपस में बातचीत करने की भी स्वतंत्रता थी।
3. अर्द्ध-सहभागी अवलोकन त्रिकोणीय विधि की इस अतिरिक्त विधि में मुखिया से साक्षात्कार एवं परिवार के सदस्यों से एक समूह के रूप में हुई वार्तालाप से प्राप्त तथ्यों को स्वीकृत अथवा अमान्य करने की पर्याप्त संभावना रहती है। इस विधि के द्वारा परिवार की आर्थिक दशाएं, समुदाय एवं परिवार में पारस्परिक संबंधों तथा सामाजिक अंतःक्रिया के सूक्ष्म तत्वों का आकलन किया गया।

इन त्रिकोणमितीय अध्ययन विधियों के अतिरिक्त प्रस्तुत अध्ययन में गुमशुदा विषय की बेहतर समझ पैदा करने में सहयोग के लिए वैयक्तिक अध्ययन विधि का उपयोग कर गुणात्मक एवं गणनात्मक अध्ययन संयोजन प्रस्तुत किया गया है ताकि परिवार की आवश्यकताओं एवं उनके व्यवस्थापन हेतु उचित नीति-निर्धारण का मार्ग प्रशस्त हो। विषय को गहनता से समझने के लिए पुलिस प्रतिक्रिया संबंधी एक साक्षात्कार-दिग्दर्शिका का प्रयोग किया गया। यह दिग्दर्शिका गुमशुदा व्यक्तियों का पता लगाने, जाँच-पड़ताल करने वाले पुलिसकर्मी से लेकर पुलिस अधिकारियों तक के साक्षात्कार में उपयोग में लाई गई।

अध्ययन में आने वाली चुनौतियां

यह अध्ययन जैसे-जैसे आगे बढ़ रहा था वैसे-वैसे चुनौतियां अलग-अलग स्तरों तथा चरणों पर बदल रहीं थीं एवं अध्ययन की प्रगति में बाधा उत्पन्न कर रही थीं। इन चुनौतियों में थानों से जानकारियां प्राप्त न होना, आधी-अधूरी जानकारी प्राप्त होना, आयु, लिंग, गुमशुदगी का स्थान व समय आदि के संदर्भ में तथ्यों की संरचना में अनियमितता, आंकड़ों की पुनरावृत्ति तथा अंतर होना, अस्पष्ट लेखन, अत्यधिक हल्की फोटोकॉपी आदि सम्मिलित थीं।

तथ्य संकलन के दौरान देखा गया कि पुलिस के पास गुमशुदा नाबालिग बच्चों से जुड़े आंकड़े तो व्यवस्थित थे लेकिन वयस्क गुमशुदा के आंकड़े व्यवस्थित नहीं थे। कुछ थानों में यह आंकड़े अलग-अलग संग्रहित किए गए थे जबकि कुछ थानों में लापता लोगों के परिजन के पते ही आधे-अधूरे लिखे हुए थे। पूर्ण तथ्यों के लिए केस डायरियाँ देखना आवश्यक था, इसलिए पूरी जानकारी जुटाने के लिए पहले थानों और उसके बाद विवेचना अधिकारियों से संपर्क किया गया। इस जानकारी को केंद्रीकृत रखने के लिए पुलिस अधीक्षक कार्यालय में स्थापित डी.एस.बी. सैल में भी थानों से गुमशुदा की जानकारी आधी-अधूरी ही भेजी गई थी इसलिए तथ्यों का मिलान व एडिटिंग की गई जो एक अत्यधिक कठिन कार्य था। पुलिस से प्राप्त आंकड़ों में कमी तथा अपूर्णता का एक मुख्य कारण यह था कि जिन प्रकरणों में पुलिस द्वारा तहकीकात की गई थी, उन प्रकरणों से संबंधित तथ्य जैसे शारीरिक बनावट, मुख्य जनांकिकीय विशेषताएँ तथा घर छोड़ने की संभावित परिस्थितियां आदि एकत्रित किए गए थे, परन्तु ये सभी तथ्य पुलिस की जाँच पड़ताल के

अनुसार थे, जो किसी भी अनुसंधान के लिए सीमा बनते हैं। प्रस्तुत अध्ययन में भी ऐसे अपूर्ण प्रकरणों को छोड़ा गया है। अतः प्रस्तुत अध्ययन में ग्वालियर जिले के 37 थानों में वर्ष 2007 से 2015 तक समस्त गुमशुदा व्यक्तियों को सम्मिलित किया गया है।

गुमशुदा व्यक्तियों के संदर्भ में रेलवे पुलिस एक महत्वपूर्ण संस्था है। रेलवे पुलिस थानों में पंजीकृत लापता व्यक्तियों की संख्या राज्य के पुलिस थानों में पंजीबद्ध प्रकरणों से स्वतंत्र होती है। चूंकि बहुत सी गुमशुदगी की घटनाएँ रेलवे स्टेशनों में ही घटित होती हैं इसलिए रेलवे पुलिस थानों से प्राप्त संख्या महत्वपूर्ण होती है। ग्वालियर जिले के समस्त छोटे-बड़े रेलवे स्टेशनों से तथ्य संकलन हेतु सम्पर्क स्थापित किया गया, परन्तु आश्चर्यजनक रूप से वहाँ कभी भी कोई गुमशुदगी का प्रकरण दर्ज नहीं हुआ था। इसलिए प्रस्तुत अध्ययन में रेलवे पुलिस थानों को सम्मिलित नहीं किया गया है।

अध्ययन हेतु गुमशुदा व्यक्तियों के जिन परिवारों को चिन्हित किया गया था, उन्हें तलाश करने तथा उन्हें बातचीत के लिए राजी करने में भी कठिनाई आई। पहले तो ऐसे परिवारों के मुखिया आसानी से बातचीत को तैयार नहीं होते थे। उनका सीधा सवाल रहता था कि 'आपसे बात करने, जानकारी देने से उनका गुमशुदा परिजन मिल जाएगा क्या? आपकी ओर से उसे तलाश करने में कोई मदद मिलेगी क्या?' कई परिवारों के मुखिया तो सीधे बातचीत करने को तैयार ही नहीं थे। कभी समय न होने का बहाना बनाते थे तो कभी गुमशुदा के बारे में बातचीत से परिवार के अन्य लोगों के दुखी होने की बात कहते थे। जब ऐसे लोग बातचीत के लिए सीधे तैयार नहीं हुए तो उनके संपर्क के लोगों की मदद से उन्हें बातचीत के लिए तैयार किया गया।

जब गुमशुदा के परिजन या मुखिया से बात की गई तब कई बार यह बातचीत भावनात्मक स्तर पर पहुंची, जिसमें गुमशुदा के जाने से पहले उसका व्यवहार और उसके बाद परिवार को संभालने में आने वाली परेशानियों के सवाल पर परिजन भावुक होकर रोने लगते थे। ऐसे में साक्षात्कार रोककर उन्हें संबल-आश्वासन और प्रभु की मदद की उम्मीद दिलाकर चुप कराना पड़ता था या फिर अगले दिन के लिए साक्षात्कार तय करना पड़ता था। ऐसे में साक्षात्कार के प्रवाह को बनाए रखने में परेशानी होती थी और समय भी ज्यादा लगता था। इसके अलावा ग्रामीण क्षेत्र में गुमशुदा के परिजन को तलाश करने में भी परेशानी होती थी। इनके घर बहुत मुश्किल से मिलते थे और घर पहुंचने पर पता चलता था कि वह या तो खेत में काम करने या फिर मजदूरी करने के लिए चले गए हैं। तब इनके कार्यस्थल पर पहुंचकर इनसे बात करनी पड़ती थी और कभी-कभी बातचीत करने के लिए इनके मालिक की अनुमति की जरूरत पड़ती थी।

साक्षात्कार के दौरान और साक्षात्कार के बाद परिजन की उम्मीद होती थी कि शोधकर्ता गुमशुदा की तलाश में उनका सहयोग करे। पुलिस अगर तलाश में लापरवाही कर रही है तो वरिष्ठ पुलिस अफसरों से संपर्क करे। ऐसे कुछ गुमशुदा के परिजनों को लेकर पुलिस अफसरों से मिलना पड़ा ताकि उन्हें आश्वस्त किया जा सके कि उनका लापता परिजन अवश्य मिल जाएगा। जिन लोगों की बेटियां गुमशुदा थीं उन्हें आशंका थी कि अगर उनकी बेटियों के बारे में जानकारी ज्यादा आगे गई तो उन्हें समाज में बदनामी झेलनी पड़ेगी और जिनकी बेटियां लौट आई थीं, वे आशंकित थे कि यह जानकारी रिसर्च के रूप में प्रकाशित हुई तो उनकी बेटियों के

विवाह में परेशानी आ सकती है। ऐसे में उन्हें समझाया गया और आश्वस्त किया गया कि उनके नाम गोपनीय रखे जाएंगे तब कहीं जाकर वे बातचीत के लिए तैयार हुए। इसके लिए कई बार उनके परिचित और पुलिस के विवेचना अधिकारियों की मदद भी लेनी पड़ी।

प्रस्तुत अध्ययन का केन्द्रबिन्दु गुमशुदा के परिवार हैं। कोई भी व्यक्ति गुमशुदा से अपने रिश्ते के अनुरूप ही प्रभावित होता है, जो किसी सीमा तक उस सामाजिक-सांस्कृतिक परिवेश द्वारा निर्धारित होता है, जिसमें वे रहते हैं। अतः प्रस्तुत अध्याय में अध्ययन में सम्मिलित उत्तरदाताओं (परिवार के मुखियाओं) के सामाजिक-आर्थिक आयामों का विश्लेषण उनकी आयु के साथ, उनकी शैक्षणिक स्थिति के संदर्भ में किया गया है।

सारणी 2.2: अध्ययन के समय उत्तरदाताओं (परिवार के मुखियाओं) की आयु का वर्गीकरण

मुख्यिा की आयु (वर्षों में)	पुरुष	महिला	योग
< 20	–	–	–
20–25	02	–	02
25–30	01	09	10
30–35	11	03	14
35–40	13	03	16
40–45	24	11	35
45 >	57	07	64
योग	**108**	**33**	**141**

सारणी से स्पष्ट है कि अध्ययन के लिए उपयुक्त ग्वालियर

जिले के गुमशुदा व्यक्तियों के परिवारों के मुखियाओं में कुल 141 परिवारों में से 108 (76.60 प्रतिशत) पुरुष तथा 33 (33.40 प्रतिशत) महिलाएँ थीं।

पुरुष उत्तरदाताओं में सर्वाधिक (57) पुरुष 45 वर्ष से अधिक आयु के, 24 पुरुष 40–45 वर्ष, 13 पुरुष 35–40 वर्ष तथा 11 पुरुष उत्तरदाता 30–35 वर्ष आयु वर्ग के थे। केवल 01 पुरुष उत्तरदाता 25–30 वर्ष आयु वर्ग का तथा 02 पुरुष उत्तरदाता 20–25 वर्ष आयु वर्ग के थे। जबकि महिला उत्तरदाताओं में सर्वाधिक (11) उत्तरदाता 40–45 वर्ष की, 07 महिलाएँ 45 वर्ष से अधिक आयु की एवं 03–03 उत्तरदाता क्रमशः 35–40 व 30–35 वर्ष आयु की थीं। 25–30 वर्ष आयु वर्ग की महिला उत्तरदाताओं की संख्या 09 थी। 30 वर्ष से कम आयु वर्ग के पुरुष एवं महिला उत्तरदाता गुमशुदा के पुत्र–पुत्री तथा भाई–बहन थे।

सारणी 2.3: परिवार के मुखिया की शैक्षणिक स्थिति

शैक्षणिक स्थिति	**संख्या**	**प्रतिशत**
अशिक्षित	33	23.40
शिक्षित	07	04.95
प्राथमिक	23	16.31
माध्यमिक	18	12.76
हाईस्कूल/हायर सैकेण्डरी	30	21.27
इंटरमीडिएट	07	04.95
स्नातक	21	14.89
स्नातकोत्तर	–	–
अन्य	02	01.48
योग	**141**	**100.00**

सामान्यतः ऐसा माना जाता है कि शिक्षित अभिभावक अपने बच्चों पर सामान्य परिवारों की तुलना में अधिक निवेश करते हैं जो बच्चों की संख्या की अपेक्षा जीवन गुणवत्ता में वृद्धि का मार्ग प्रशस्त करता है। यह एक क्षेत्र से दूसरे क्षेत्र में बदलता रहता है तथा सामाजिक, सांस्कृतिक एवं आर्थिक चरों द्वारा निर्धारित होता है।

सारणी से स्पष्ट है कि अध्ययन में सम्मिलित कुल 141 परिवार के मुखियाओं में से 23.40 प्रतिशत उत्तरदाता अशिक्षित एवं 04.95 प्रतिशत शिक्षित थे। यहाँ शिक्षित से आशय उन व्यक्तियों से है जो केवल अखबार पढ़ सकते हैं तथा हस्ताक्षर कर सकते हैं। प्राथमिक स्तर उत्तीर्ण उत्तरदाताओं की संख्या 16.31 प्रतिशत, माध्यमिक 12.76 प्रतिशत, 21.27 प्रतिशत हाईस्कूल/हायरसेकेण्डरी एवं 04.95 प्रतिशत इंटरमीडिएट उत्तीर्ण थे। महाविद्यालय स्तर पर स्नातक उपाधि प्राप्त उत्तरदाताओं की संख्या 14.89 प्रतिशत, संयोगवश कोई भी उत्तरदाता स्नातकोत्तर उपाधि प्राप्त नहीं था जबकि 01 महिला उत्तरदाता प्रबंधन में स्नातकोत्तर एवं 01 पुरुष उत्तरदाता आई.टी.आई. प्रशिक्षित था। इन उत्तरदाताओं को अन्य के रूप में वर्गीकृत किया गया है।

अध्ययन में सम्मिलित लगभग 45.00 प्रतिशत लापता व्यक्तियों के परिवारों के मुखिया अशिक्षित या प्राथमिक स्तर तक शिक्षित थे। ऐसी मान्यता है कि शैक्षणिक योग्यता अपने सामाजिक-आर्थिक स्तर को ऊंचा करने के अवसर प्रदान करती है एवं पारिवारिक दायित्वों के समुचित निर्वहन के लिए प्रेरित करती है किन्तु प्रस्तुत अध्ययन में सम्मिलित अधिकतर परिवार के मुखियाओं का शैक्षणिक स्तर निम्न था और वे अपने जीवन-यापन के लिए संघर्षरत थे।

यह माना जाता है कि परिवार का व्यवसाय परिवार के सामान्य आर्थिक एवं सामाजिक स्तर को दर्शाता है। औद्योगीकरण तथा आधुनिकीकरण के फलस्वरूप उत्पादन के साधनों में परिवर्तन के साथ जीवन के तरीके, सामाजिक मूल्य, सामाजिक दशाएं बदली हैं। व्यावसायिक संरचना की इस जटिलता ने व्यावसायिक वर्गीकरण की वैधता को कम किया है। यद्यपि सामाजिक-आर्थिक स्तर को निर्दिष्ट करने वाले चर के रूप में व्यवसाय आज भी महत्त्वपूर्ण चर है। अतः इस अध्ययन में परिवारों के व्यवसाय को समझने का प्रयास किया गया है।

सारणी 2.4: परिवार के मुखिया का व्यवसाय

व्यवसाय	पुरुष	महिला	योग
गृहिणी	–	04	04
कृषि	02	–	02
मजदूरी	53	10	63
कारीगर/रसोईया/ड्राईवर	12	03	15
शासकीय सेवा (निम्न श्रेणी)	03	–	03
शासकीय सेवा (उच्च श्रेणी)	01	–	01
अशासकीय सेवा	20	11	31
स्वयं का व्यवसाय	13	05	18
सेतानिवृत्त	04	–	04
योग	**108**	**33**	**141**

सारणी से स्पष्ट है कि कुल उत्तरदाताओं में से 63 (44.68 प्रतिशत) मजदूरी कर रहे थे, 15 (10.64 प्रतिशत) कारीगरी, ड्राइवरी तथा होटलों में कुक जैसे छोटे कामों में संलग्न थे तथा 31 (21.98 प्रतिशत) दुकानों, ब्यूटी पार्लरों आदि

में प्राइवेट नौकरी (अशासकीय सेवा) कर रहे थे, जबकि 18 उत्तरदाता (12.76 प्रतिशत) दुकानदार तथा लघु व्यवसायी थे।

अध्ययन में सम्मिलित परिवार के पुरुष मुखियाओं में से 53 मजदूरी, 12 कारीगरी/ड्राइवरी/कुक का कार्य, 20 प्राइवेट नौकरी, 13 स्वयं का व्यवसाय, 03 निम्न श्रेणी शासकीय सेवा, 02 कृषि कार्य कर रहे थे, जबकि केवल 01 उत्तरदाता उच्चश्रेणी शासकीय सेवा में था तथा 04 उत्तरदाता सेवानिवृत्त निम्नश्रेणी कर्मचारी व पूर्व सेवाकर्मी थे। कुल 33 परिवारों की महिला मुखियाओं में से 10 महिलाएँ अपने परिवार का भरण पोषण मजदूरी (बीड़ी बनाकर, घरों में काम आदि), 11 महिलाएँ प्राइवेट नौकरी (ब्यूटी पार्लर, दुकानों पर आदि) या लघु व्यवसाय करके कर रही थीं, जबकि 03 महिलाएँ दूसरे घरों में रसोईया का कार्य कर रहीं थीं। 05 महिलाएँ स्वयं के व्यवसाय में रत थीं। अध्ययन में सम्मिलित केवल 04 महिलाएँ गृहिणी थीं और दूसरों पर आश्रित थीं। निष्कर्षतः यह कहा जा सकता है कि अधिकांश गुमशुदा व्यक्तियों के परिवारों की व्यावसायिक पृष्ठभूमि निम्नस्तरीय थी और वे आर्थिक रूप से असुरक्षित थे।

यह सच है कि सभी गुमशुदा व्यक्तियों के परिवारों की प्राथमिकताएँ एवं आवश्यकताएँ एक जैसी नहीं होतीं। ये आयु वर्ग, परिवार की संरचना, निवास की स्थिति आदि से भी प्रभावित होती हैं। हो सकता है कि ग्रामीण परिवारों की प्राथमिकताएँ सापेक्षिक रूप से शहरी परिवारों से भिन्न हों। अतः अध्ययन में सम्मिलित परिवारों के मुखियाओं का वर्गीकरण उनकी निवास स्थिति के अनुसार किया गया है।

सारणी 2.5: अध्ययन के समय मुखिया के निवास की स्थिति

निवास की स्थिति	पुरुष	महिला	योग
शहरी	67	13	80
ग्रामीण	41	20	61
योग	**108**	**33**	**141**

अध्ययन में सम्मिलित परिवारों में से 80 परिवार शहरी क्षेत्र के एवं 61 परिवार ग्रामीण क्षेत्र के थे। अध्ययन के समय शहरी परिक्षेत्र में निवासरत परिवारों के मुखियाओं में 67 पुरुष तथा 13 महिलाएँ थीं, जबकि ग्रामीण क्षेत्र में रहने वाले परिवारों के मुख्य उत्तरदाताओं में 41 पुरुष तथा 20 महिलाएँ थीं।

सारणी 2.6: गुमशुदा से उत्तरदाता (मुखिया) का रिश्ता

गुमशुदा से रिश्ता	गुमशुदाओं की संख्या	प्रतिशत
माँ	10	07.09
पिता	67	47.52
पत्नी	18	12.77
पति	15	10.64
भाई	03	02.13
बहन	01	00.71
पुत्री	04	02.84
पुत्र	19	13.48
ससुर	02	01.41
संबंधी	02	01.41
योग	**141**	**100.00**

गुमशुदा को एक घटना के रूप में विश्लेषित करने तथा उसके पीछे छूटे परिवारों पर पड़ने वाले प्रभावों में गुमशुदा से रिश्ता अत्यंत महत्वपूर्ण घटक है। अध्ययन में सम्मिलित 141 परिवारों के मुखियाओं में सर्वाधिक 47.52 प्रतिशत पिता, 13.48 प्रतिशत पुत्र, 12.77 प्रतिशत पत्नियां, 10.64 प्रतिशत पति एवं 07.09 प्रतिशत माँ थीं, जबकि गुमशुदा के संबंध में पुलिस में प्रकरण पंजीबद्ध कराने वाले या गुमशुदा के संबंध में विस्तृत जानकारी रखने वाले उत्तरदाताओं में केवल 00.71 प्रतिशत बहन, 01.41-01.41 प्रतिशत क्रमशः ससुर व फूफा, चाचा, ताऊ (अन्य संबधी) तथा 02.84 प्रतिशत पुत्रियां थीं।

निष्कर्षतः यह कहा जा सकता है कि जिन परिवारों में मुखिया माँ, पत्नी, बहन या पुत्री थी, उनमें से अधिकतर के कंधों पर परिवार के पालन-पोषण का भार था और ऐसे परिवारों की आर्थिक सुरक्षा नगण्य थी।

भिन्न-भिन्न आयु के लोग जो अलग-अलग परिस्थितियों में लापता होते हैं, वे कई प्रकार के संकटों का सामना करते हैं और उनके लिए पृथक-पृथक प्रतिक्रियाओं की आवश्यकता होती है। कुछ परिस्थितियां बच्चों और युवाओं के कल्याण की हिमायत करती हैं क्योंकि बच्चे कभी भी खतरे की चपेट में आ सकते हैं। किसी अन्य परिस्थिति में, व्यक्ति घर से स्वयं की इच्छा से लापता हो सकता है और उसे कोई खतरा भी नहीं होता बल्कि वह अपने पीछे परिवार को अवश्य संकट में डाल जाता है। प्रस्तुत विश्लेषण से ऐसे भिन्न-भिन्न आयु-वर्ग के भिन्न-भिन्न परिस्थितियों में गुमशुदा हुए व्यक्तियों के 141 परिवारों को शामिल किया गया है।

सारणी 2.7: पुलिस में प्रकरण पंजीबद्ध करते समय गुमशुदा की आयु

आयु (वर्षों में)	पुरुष			महिला		
	दस्तयाब	अदम दस्तयाब	योग	दस्तयाब	अदम दस्तयाब	योग
0–5	–	01	01	–	–	–
5–14	01	03	04	–	06	06
14–18	06	08	14	03	10	13
18–25	06	12	18	16	05	21
25–40	03	25	28	11	07	18
40–60	02	07	09	–	05	05
60 >	–	04	04	–	–	–
योग	**18**	**60**	**78**	**30**	**33**	**63**

सारणी से स्पष्ट है कि पुलिस में गुमशुदा का प्रकरण पंजीबद्ध करते समय उनकी आयु के आधार पर अध्ययन में शामिल परिवारों में से गुमशुदा व्यक्तियों का वर्गीकरण लिंग के आधार के साथ-साथ ढूंढ लेने तथा न ढूंढ पाने के आधार पर भी किया गया है।

पुरुष गुमशुदा व्यक्तियों के वर्गीकरण से स्पष्ट है कि 0–5 वर्ष आयु वर्ग के 01 गुमशुदा को साक्षात्कार के दिनांक तक पुलिस नहीं ढूंढ सकी थी, 5–14 वर्ष आयु समूह में कुल 04 गुमशुदा में से 01 को ढूंढ़ लिया गया जबकि 03 वापस घर नहीं लौट सके, 14–18 वर्ष आयु समूह में 06 को ढूंढ लिया गया जबकि 08 को नहीं तलाश किया जा सका, 18–25 वर्ष आयु समूह में कुल 12 गुमशुदा में से 06 वापस लौटे और 12 वापस नहीं आये, 25–40 आयु समूह में कुल 28 में से केवल 03 गुमशुदा स्वयं वापस लौटे जबकि 25 वापस घर लौटकर

नहीं आये, 40-60 वर्ष आयु समूह में 09 गुमशुदा पुरुषों में से 02 घर वापस आये जबकि 07 साक्षात्कार के दिनांक तक वापस नहीं लौटे। 60 वर्ष से अधिक आयु के लापता 04 पुरुषों में से कोई घर वापस नहीं आया।

गुमशुदा महिलाओं का वर्गीकरण दर्शाता है कि अध्ययन में सम्मिलित कुल 63 गुमशुदा महिलाओं में से 5-14 वर्ष आयु समूह की 06 गुमशुदा बच्चियों में से कोई लड़की वापस नहीं लौटी, 14-18 वर्ष आयु वर्ग की लड़कियों में से केवल 03 वापस लौटीं जबकि 10 लापता थीं; 18-25 वर्ष आयु वर्ग की 21 गुमशुदा महिलाओं में से 16 लड़कियां घर वापस लौट आयीं जबकि 05 नहीं लौटीं; 25-40 वर्ष की गुमशुदा महिलाओं की स्थिति भी कमोवेश 25-40 वर्ग आयु समूह जैसी ही थी। इनमें भी 18 गुमशुदा महिलाओं में से 11 लौटकर आईं जबकि 07 लापता थीं। वहीं 40-60 वर्ष की गुमशुदा महिलाओं में से कोई वापस अपने घर नहीं लौटी।

पुलिस के सामने सबसे कठिन समस्या उन तमाम पंजीकृत प्रकरणों में से उन प्रकरणों को पहचानने की होती है जिनमें अविलंब तथा गहन प्रतिक्रिया की आवश्यकता होती है। ज्यादातर प्रकरणों में व्यक्ति स्वयं की इच्छा से बिना किसी गंभीर नुकसान के लौट आता है। अपराध की दृष्टि से गुमशुदा बच्चे (18 वर्ष और उससे कम आयु के) अधिक चिंता का विषय होते हैं। प्रस्तुत अध्ययन में भी चिंता का विषय 18 वर्ष से कम आयु के वापस न लौटने वाले 28 बच्चे हैं। न लौटने वाले 18-25 वर्ष आयु वर्ग तथा 25-40 वर्ष आयु वर्ग के युवकों तथा युवतियों में अधिकांश युवक अच्छे रोजगार की तलाश में, बडा आदमी बनने के लिए या प्रेम प्रसंगवश वापस

नहीं लौटे जबकि युवतियों के वापस न लौटने के कारणों में प्रेम विवाह कर लेना या गृह कलह कारण थे।

सारणी 2.8: गुमशुदा के परिवार की संरचना

परिवार की संरचना	परिवार का मुखिया		
	पुरुष	**महिला**	**योग**
संयुक्त	45 (57.50)	15 (23.80)	60 (42.55)
एकाकी	33 (42.30)	48 (76.20)	81 (57.45)
योग	**78** **(100.00)**	**63** **(100.00)**	**141** **(100.00)**

(कोष्ठकों में लिखे अंक प्रतिशत दर्शाते हैं।)

जहाँ तक परिवार की संरचना के आधार पर गुमशुदा व्यक्तियों के वर्गीकरण का संबंध है, 57.70 प्रतिशत गुमशुदा पुरुष संयुक्त परिवारों से लापता हुए तथा 42.30 प्रतिशत एकाकी परिवारों से, जबकि 23.80 प्रतिशत गुमशुदा महिलाएँ संयुक्त परिवारों से तथा 76.20 प्रतिशत महिलाएँ एकाकी परिवारों से गुम हुईं। अध्ययन हेतु सर्वेक्षित कुल 141 परिवारों में से 42.55 प्रतिशत व्यक्ति संयुक्त परिवारों से लापता हुए, जबकि एकाकी परिवारों से लापता होने वाले व्यक्तियों की संख्या 57.45 प्रतिशत थी।

अध्ययन से स्पष्ट है कि बढ़ती जनसंख्या, भौतिकवादी जीवन का दबाव आदि कारणों से भारतीय संयुक्त परिवार का आकार छोटा होता जा रहा है। तथ्य दर्शाते हैं कि पुरुषों के मामले में परिवार के मुखिया का नेतृत्व कमजोर जबकि आश्चर्यजनक रूप से महिलाओं के मामले में इसकी महत्ता यथोचित प्रतीत होती है।

सारणी 2.9: गुमशुदा का धर्म

धर्म	पुरुष	महिला	योग
हिंदू	60(76.02)	50(79.36)	110(78.01)
इस्लाम	09(08.97)	07(11.11)	14(09.93)
सिख	–	–	–
ईसाई	–	–	–
अन्य	04(05.13)	–	04(02.83)
अनु. जनजाति	07(08.97)	06(09.53)	13(09.23)
योग	**78(100.00)**	**63(100.00)**	**141(100.00)**

(कोष्ठकों में लिखे अंक प्रतिशत दर्शाते हैं।)

सारणी 2.10: गुमशुदा व्यक्तियों की जाति/वर्ग

वर्ग/जाति	पुरुष	महिला	योग
ब्राहमण	05(08.33)	06(12.00)	11(10.00)
क्षत्रिय	07(11.07)	06(12.00)	13(11.81)
वैश्य	09(15.00)	01(02.00)	10(09.09)
पिछडा वर्ग	21(35.00)	17(34.00)	38(24.55)
अनु. जाति	18(30.00)	20(40.00)	38(34.55)
योग	**60(100.00)**	**50(100.00)**	**110(100.00)**

(कोष्ठकों में लिखे अंक प्रतिशत दर्शाते हैं।)

धर्म एक संस्था के रूप में भारतीय समाज का आंतरिक भाग है या यह कहा जा सकता है कि धर्म एक विश्वासों का समुच्चय प्रदान करता है जो एक सीमा तक मानव व्यवहार को नियमित, नियंत्रित तथा निर्देशित करता है। अध्ययन हेतु चयनित परिवारों में से सर्वाधिक 78.01 प्रतिशत गुमशुदा हिंदू, 09.93 प्रतिशत मुस्लिम, 09.23 प्रतिशत अनुसूचित जनजाति

के तथा 02.83 प्रतिशत जैन तथा पंजाबी थे। अध्ययन में अनुसूचित जनजाति को धर्म के साथ वर्गीकृत करने का कारण उनका पृथक धर्म है। आश्चर्यजनक रूप से अध्ययन के समय सिख व ईसाई धर्म का कोई अनुयायी गुमशुदा नहीं था।

धर्म आधारित गुमशुदा पुरुषों एवं महिलाओं का वर्गीकरण भी एक समान चित्र प्रस्तुत करता है। चूंकि ग्वालियर जिले में हिंदू धर्म के अनुयायी अधिक हैं, इसलिए अध्ययन में सम्मिलित परिवारों में उनकी संख्या अधिक थी, जबकि इस्लाम धर्म के अनुयायियों की संख्या अपेक्षाकृत कम थी।

धर्म के साथ-साथ जाति व्यवस्था भी भारतीय सामाजिक संरचना की मुख्य विशेषता है तथा यह सर्वविदित है कि भारतीय समाज में एक व्यक्ति की प्रस्थिति का निर्धारण उसकी जाति से होता है। वर्ग व्यवस्था की तुलना में जाति व्यवस्था के अंतर्गत श्रेणीबद्ध समूहों की संख्या अधिक है। आधुनिक भारत में मात्र जातीय आधार पर ही समाज विभक्त नहीं है, बल्कि वर्ग व्यवस्था के आधार पर भी स्तरण हो रहा है; विभिन्न जातियों में भी व्यक्तियों को आय, व्यवसाय या किसी व्यक्तिगत गुण के आधार पर श्रेणीबद्ध किया जा रहा है। अतः प्रस्तुत अध्ययन में चयनित हिंदू गुमशुदा व्यक्तियों का जाति के आधार पर वर्गीकरण एक अलग परिदृश्य प्रस्तुत करता है। अध्ययन हेतु चयनित हिंदू गुमशुदा व्यक्तियों/परिवारों में चौंकाने वाला तथ्य यह है कि लगभग 76.00 प्रतिशत गुमशुदा अनुसूचित जाति तथा पिछड़ा वर्ग के थे जबकि क्षत्रिय, ब्राह्मण तथा वैश्य गुमशुदा व्यक्तियों की संख्या क्रमशः 12.00, 10.00 तथा 09.00 प्रतिशत थी।

लिंग के आधार पर हिंदू गुमशुदा लोगों का वर्गीकरण एक जैसी प्रवृत्ति दर्शाता है। हिंदू पुरुषों के वर्गीकरण

में अनुसूचित जाति (30.00 प्रतिशत) तथा पिछड़ा वर्ग (35.00 प्रतिशत) मिलकर 65.00 प्रतिशत गुमशुदा थे, जबकि वैश्य, क्षत्रिय तथा ब्राह्मण वर्ग से क्रमशः 15.00, 11.00 व 08.00 प्रतिशत गुमशुदा थे। ठीक इसी प्रकार, हिंदू गुमशुदा महिलाओं के वर्गीकरण में अनुसूचित जाति (40.00 प्रतिशत) व पिछड़ा वर्ग (34.00 प्रतिशत) मिलकर 64.00 प्रतिशत थीं जबकि ब्राह्मण व क्षत्रिय 12.00–12.00 प्रतिशत तथा वैश्य केवल 02.00 प्रतिशत थीं। इस प्रकार विजातीय सांस्कृतिक विभिन्नता के बावजूद सजातीय सामाजिक पर्यावरण की महिलाएँ व पुरुष विभिन्न कारणों से अपना घर छोड़कर लापता हो जाते हैं। सारांशतः अध्ययन में सम्मिलित परिवारों में से अधिकांश गुमशुदा दलित, अनुसूचित जाति तथा पिछड़े वर्ग के थे जिनके पास पुलिस और राजनेताओं पर दबाव बनाने की शक्ति नहीं होती।

साक्षात्कार के समय परिवार के मुखियाओं से यह पूछे जाने पर कि घर छोड़कर जाने से पूर्व गुमशुदा क्या कर रहा था? इस प्रश्न के उत्तर में उत्तरदाता द्वारा बताई गई गुमशुदा की व्यावसायिक परिस्थिति का विश्लेषण दर्शाता है कि घर छोड़कर जाने वाले गुमशुदा पुरुषों में से 15 छात्र, 09 बेरोजगार तथा 03 पढ़ाई छोड़कर घर बैठे थे। 12 पुरुष गुमशुदा स्वयं के व्यवसाय में संलग्न थे, 10 अशासकीय नौकरी, 14 मजदूरी तथा 03 छोटे–मोटे कारीगर थे। कुल 78 पुरुष गुमशुदा में से 01 मानसिक रोगी तथा 01 अबोध बच्चा था।

सारणी 2.11: गुमशुदा की व्यावसायिक परिस्थिति

व्यावसायिक परिस्थिति	पुरुष	महिला	योग
अबोध	01	–	01
पढ़ाई	15	25	40
ड्राप आउट	03	03	06
बेरोजगार	09	03	12
गृह कार्य	–	10	10
कृषि कार्य	02	–	02
स्वयं का व्यवसाय	12	–	12
अशासकीय नौकरी	10	14	24
मजदूरी	14	05	19
कारीगरी	03	–	03
सेवानिवृत्ति (कोई कार्य नहीं)	08	–	08
मानसिक रोगी	01	02	03
अन्य	–	01	01
योग	78	63	141

गुमशुदा महिलाओं में से लापता होने वाली महिलाओं में 25 विभिन्न स्तरों की पढ़ाई कर रही थीं, 03–03 ड्रापआउट तथा बेरोजगार थीं, 10 गृहकार्य कर रही थीं, 14 ब्यूटी पार्लर तथा स्कूल में अध्यापन जैसी अशासकीय सेवा में थीं जबकि 05 मजदूरी कर रही थीं। अध्ययन के लिए चयनित उत्तरदाताओं ने बताया कि 02 मानसिक रोगी महिलाएँ घर छोड़कर चली गईं थीं तथा 01 महिला का घर छोड़कर जाने का कारण एक धार्मिक आश्रम विशेष के प्रति अत्यधिक लगाव था।

निष्कर्षतः यह कहा जा सकता है कि घर छोड़कर जाने के कारण स्थिर न होकर विविध होते हैं जो किसी समय

विशेष पर व्यक्ति को नकारात्मक रूप से प्रभावित करते हैं जिसके फलस्वरूप वह लापता होने के प्रति अग्रसर होता है।

व्यक्तियों के गुम होने के कारण विविध होते हैं। भग्न परिवार तथा सामाजिक संबंधों का कमजोर होना, व्यक्तिगत कारण, संस्थागत कमियां आदि वे परिस्थितियां हैं जो किसी व्यक्ति के गुम होने में सहायक होती हैं। यद्यपि लापता होने में कई स्थानीय समस्याओं के भी प्रमाण मिलते हैं तथापि प्रस्तुत अध्ययन में गुम होने को संबंध विच्छेद के रूप में परिभाषित किया गया है। चाहे यह परिभाषा गुमशुदा व्यक्ति द्वारा की गई हो या किसी अन्य द्वारा; चाहे घर से जाना सुविचारित हो या फिर बिना सोचे-समझे। अतः उक्त विश्लेषण गुम होने की उस परिकल्पना की ओर ले जाता है जिसमें निरंतरता है। (देखें, प्रस्तावना)

साक्षात्कार के समय परिवार के मुखिया द्वारा बताये गये परिवारजन के गुम होने के कारणों में एक छोर पर वे कारण थे जिनमें व्यक्ति सोच-विचार कर घर छोड़ते हैं, इन्हें प्रस्तुत विश्लेषण में 'निश्चित' कहा गया है। किसी तनाव, अवसाद या आक्रोश में जाने वाले तथा परिवार को न लौटने की सूचना देने वाले निश्चितता की ओर अग्रसर गुमशुदा को विश्लेषण में 'भावावेश' में जाने वाले गुमशुदा के रूप में वर्गीकृत किया गया है। निरंतरता के दूसरे किनारे पर बिना सोच-विचार के जाने वाले लोग हैं जिन्हें अपनी इच्छा के विरुद्ध घर छोड़ना पड़ता है, इनमें वे लोग होते हैं जिन्हें बहला-फुसलाकर ले जाया जाता है या वे पता न बता सकने के कारण या दुर्घटनावश अपने परिवार से अलग हो जाते हैं, इन्हें विश्लेषण में 'अनजाने में' तथा सबसे किनारे पर वे लोग हैं जिन्हें जबरन घर छोड़ने पर मजबूर किया गया, इन्हें विश्लेषण में 'बलपूर्वक' गुम होने वालों के रूप में वर्गीकृत किया गया है।

सारणी 2.12: गुम होने के कारण

(साक्षात्कार के समय मुखिया की प्रतिक्रिया पर आधारित)

	पुरुष	**महिला**
(अ) निश्चित		
• गृह कलह	09	10
• प्रेम प्रसंग	–	20
• बड़ा आदमी बनने के लिए	04	–
• रोजगार की तलाश	13	–
• मौज मस्ती	02	–
• कर्ज न चुका पाना/व्यवसाय में नुकसान	10	–
• आत्महत्या/गिरफ्तारी या सजा से बचने के लिए	01	01
	39(50.00)	31(49.22)
(ब) भावावेश में		
• अवसाद/आक्रोश	09	06
• घर से जाने के बाद फोन पर न लौटने की सूचना	04	07
	13(16.67)	13(20.63)
(स) अनजाने में		
• बहला-फुसलाकर/गलतफ़हमी	08	09
• धर्मांधता	–	01
• दुर्घटना/चोट पहुंचाना	01	–
• मंदबुद्धि/मनोविकार/डिमेंशिया	02	01
	11(14.10)	11(17.46)
(द) बलपूर्वक		
किसी अपराध का शिकार	12	08
अपहरण	03	–
	15(19.23)	08(12.69)
योग	78(100)	63(100)

(कोष्ठकों में लिखे अंक प्रतिशत दर्शाते हैं।)

सारणी 2.12 से स्पष्ट है कि गुम होने के कारणों में पुरुषों एवं महिलाओं में कोई भेद नहीं है। अध्ययन हेतु उपयुक्त पाए गए उत्तरदाताओं के अनुसार कुल 78 गुमशुदा पुरुषों में से सुविचारित घर से जाने वाले 50.00 प्रतिशत, भावावेश में जाने वाले 16.67 प्रतिशत थे जबकि अनजाने में जाने वाले पुरुषों की संख्या 14.10 प्रतिशत एवं बलपूर्वक ले जाए गये व्यक्तियों की संख्या 19.23 प्रतिशत थी। पुरुषों द्वारा सोच-समझकर घर छोड़ने के कारणों में रोजगार की तलाश, व्यवसाय में नुकसान व कर्ज न चुका पाना तथा पति-पत्नी व माता-पिता एवं संतान के झगड़े से उपजा गृह क्लेश मुख्य कारण थे। बड़ा आदमी बनने के लिए, मौज-मस्ती तथा गिरफ्तारी या सजा से बचने के लिए लापता होने जैसे कारण नीचे पायदान पर थे, जबकि भावावेश में 09 पुरुष घर छोड़कर गए तथा 04 ने घर से जाने के बाद न लौटने की स्वयं सूचना दी। बहला-फुसलाकर चले जाने वाले (अनजाने में) बच्चों की संख्या 08 थी। 02 मंदबुद्धि पुरुष अध्ययन में शामिल थे तथा 01 पुरुष को दुर्घटना का शिकार होना बताया गया था। कुल 15 पुरुषों (19.23 प्रतिशत) को बलपूर्वक घर से अलग होना पड़ा, इनमें 12 प्रकरणों में किसी अपराध का शिकार होने का संदेह व्यक्त किया गया जबकि अपहरण के 03 प्रकरण पुलिस द्वारा पंजीबद्ध किए गए थे।

लगभग 50.00 प्रतिशत महिलाओं द्वारा निश्चित रूप से गुम होने के कारणों में प्रेम प्रसंग के फलस्वरूप विवाह करना मुख्य कारण तथा गृह कलह दूसरा कारण था। कुल 63 महिलाओं में से भावावेश में जाने वाली महिलाओं की संख्या 20.63 प्रतिशत थी जबकि अनजाने में 17.46 प्रतिशत महिलाओं

को घर से जाना पड़ा, और 12.69 प्रतिशत महिलाओं के मामले में मानव तस्करी जैसे गंभीर अपराध का शिकार होने का संदेह व्यक्त किया गया।

अतः यह कहा जा सकता है कि लगभग 50.00 प्रतिशत गुमशुदा सुविचारित गुम होते हैं। उनके इस निर्णय से पीछे छूटे परिवार कठिनाइयों से घिर जाते हैं वे न केवल आर्थिक परेशानियों का सामना करते हैं बल्कि मानसिक स्वास्थ्य संबंधी कठिनाइयों को भी झेलते हैं। 18.00 प्रतिशत से अधिक व्यक्ति भावावेश में घर छोड़कर चले जाते हैं; जबकि अनजाने में या बलात् जाने वाले गुमशुदा के प्रकरण अपेक्षाकृत कम किंतु अतिसंवेदनशील होते हैं। इनमें अधिकांशतः लंबे समय से लापता बच्चे, बूढ़े, नशेड़ी, मानसिक व शारीरिक रूप से अशक्त आदि होते हैं जिनकी पुलिस द्वारा गंभीर विवेचना की जाती है।

तथ्य यह भी दर्शाते हैं कि निश्चय के साथ घर से पलायन में लिंग कोई कारण नहीं था अर्थात् पुरुष और महिलाएँ दोनों समान रूप से घर से जाने के लिए संबंध तोड़ रहे थे। घर से सुविचारित तरीके से जाने वालों में धर्म या जाति जैसे कारक भी महत्वहीन थे। कुछ ऐसे उदाहरण अवश्य थे जिनमें किसी विशेष द्वन्द्व के कारण व्यक्ति को घर छोड़ना पड़ा (इसकी चर्चा आगे के अध्याय में की गई है); कुछ मुखियाओं ने साक्षात्कार में बताया कि घर छोड़ने से पहले जाने वाले की परिवार के सदस्य/सदस्यों से हुई बहस संबंध टूटने का अंतिम कारण बनी, जबकि अधिकांश वयस्कों का घर छोड़ने का कारण गृह कलह तथा कुछ समय से चले आ रहे द्वन्द्व थे।

निष्कर्षतः सारणी से स्पष्ट है कि गुमशुदा होने का सबसे सामान्य कारण निश्चय कर घर से संबंध तोड़ना था, चाहे उसका कारण माता-पिता और वयस्क बच्चों के बीच द्वन्द्व या वयस्क बच्चों में आपस में या पति-पत्नी के बीच संबंध विच्छेद हो। प्रस्तुत अध्ययन में संबंध तोड़ने को भले ही गृह कलह, प्रेम प्रसंग, मौज मस्ती, बड़ा आदमी बनने के लिए या रोजगार की तलाश जैसा दिखावटी वर्गीकरण किया हो परन्तु इसे मुख्य रूप से परिवार के अंदर संबंधों में बिखराव तथा/अथवा विवाह बंधन का टूटना ही कहा जायेगा। इसी प्रकार, कर्ज न चुका पाना या व्यवसाय में नुकसान परोक्ष रूप से समस्याओं से पलायन था।

यद्यपि गुमशुदा की तलाश हेतु पुलिस सहायता के अतिरिक्त परिवार द्वारा किए गए प्रयासों की जानकारी प्रचलित प्रक्रिया के अनुकूल थी। 78.72 प्रतिशत उत्तरदाताओं ने गुमशुदा को रिश्तेदारों/मित्रों के यहाँ तलाश किया, 48.92 प्रतिशत उत्तरदाताओं द्वारा ज्योतिषियों/तांत्रिकों का सहयोग लिया गया, 29.78 प्रतिशत उत्तरदाताओं ने गुमशुदा की तलाश स्टेशन/बस स्टैंड पर तथा 21.27 प्रतिशत उत्तरदाताओं ने गुमशुदा की तलाश निकटवर्ती शहरों में की। पुलिस को सक्रिय करने तथा गुमशुदा के पोस्टर लगवाने वाले परिवारों की संख्या 14.89–14.89 प्रतिशत थीं; अखबारों में विज्ञापन छपवाने तथा दूरस्थ महानगरों में गुमशुदा की खोज करने वाले परिवारों की संख्या 12.76–12.76 प्रतिशत थी, केवल 08.50 प्रतिशत परिवारों द्वारा सोशल मीडिया का उपयोग किया गया जबकि जनप्रतिनिधियों से सहयोग लेने वाले परिवारों की संख्या मात्र 03.54 प्रतिशत थी।

सारणी 2.13: गुमशुदा की तलाश हेतु पुलिस सहायता के अतिरिक्त परिवार द्वारा किए गए प्रयास

प्रयास	संख्या	प्रतिशत
रिश्तेदारों/मित्रों के यहाँ तलाश किया	111	78.72
स्टेशन/बस स्टैंड पर खोजा	42	29.78
ज्योतिषियों/तांत्रिकों का सहयोग लिया	69	48.92
अखबारों में विज्ञापन दिया	18	12.76
पोस्टर चिपकवाये/बंटवाये	21	14.89
निकटवर्ती शहरों में तलाश किया	30	21.27
दूरस्थ शहरों/महानगरों में खोजा	18	12.78
सोशल मीडिया की मदद ली	12	08.50
पुलिस की सक्रियता हेतु अखबार में खबर दी	21	14.89
जनप्रतिनिधियों से सहयोग की अपील की	05	03.54
इनाम घोषित किया	01	00.70
पुलिस की जनसुनवाई में गए	01	00.70

प्रतिशत की गणना अध्ययन में सम्मिलित 141 परिवारों से की गई है।

निष्कर्षतः यह कहा जा सकता है कि अध्ययन में सम्मिलित गुमशुदा व उनके परिवार सांस्कृतिक रूप से पिछड़े, सामाजिक रूप से उपेक्षित तथा आर्थिक रूप से कमजोर थे।

सारणी 2.14: गुमशुदा के लौटने के बाद स्वीकार्यता

स्वीकार्यता	स्वीकार्य		सामान्य		अस्वीकार्य	
	पुरुष	महिला	पुरुष	महिला	पुरुष	महिला
परिवार में	15	09	03	10	–	11
मित्रों में	18	16	–	14	–	–
पड़ोस में	05	05	11	21	02	04
रिश्तेदारों में	05	09	11	11	02	10

किसी भी समाज की मूल्य व्यवस्था में सांस्कृतिक परिवेश के तत्व निहित होते हैं जो व्यक्तियों के व्यवहार प्रतिमान को प्रभावित करते हैं। प्रस्तुत सारणी केवल उन व्यक्तियों का विश्लेषण है जो वापस घर लौट आए हैं (दस्तयाब) इनमें 18 पुरुष व 30 महिलाएँ हैं। उक्त विश्लेषण गुमशुदा परिवारों के सांस्कृतिक परिवेश का सूचकांक माना जाएगा, निश्चित सिद्धांत नहीं।

सारणी से स्पष्ट है कि गुमशुदगी से घर लौटने के उपरांत कुल 18 गुमशुदा पुरुषों में से 15 परिवार में स्वीकार्य तथा 3 सामान्य स्थिति में जबकि कोई पुरुष अस्वीकार्य नहीं था, मित्रों में सभी पुरुष गुमशुदा स्वीकार्य, पड़ोसियों का व्यवहार सामान्य था जबकि रिश्तेदारों द्वारा स्वीकार्यता पड़ोसियों जैसी थी।

गुमशुदा महिलाओं के संबंध में तथ्य थोड़े भिन्न थे। कुल 30 गुमशुदा महिलाओं के घर वापस लौटने पर केवल 09 को परिवार ने अपनाया क्योंकि या तो इनकी आयु अधिक या बहुत कम थी, युवा लड़कियों की स्वीकृति लगभग न के बराबर थी उन्हें सामान्य श्रेणी में रखा गया जबकि 11 महिलाएँ परिवार में स्वीकार्य नहीं थीं। ऐसी प्रचलित मान्यता है कि महिला भारतीय परिवार का मान होती है, उनका घर से लापता रहना

व कुछ समय बाद लौटकर आने को परिवार की मर्यादा का उल्लंघन माना जाता है। पड़ोसियों व रिश्तेदारों में स्वीकार्यता सामान्य होने के पीछे गुम होने की जानकारी गुप्त रखना थी जबकि मित्रों के लिए अस्वीकार्यता का कोई प्रश्न ही नहीं था। सारांशतः विश्लेषण से स्पष्ट है कि गुमशुदा के वापस लौटने पर समाज में उसकी स्वीकार्यता-अस्वीकार्यता सामाजिक तथा सांस्कृतिक रूप से परिभाषित की जा रही थी।

किसी भी व्यक्ति द्वारा जानबूझकर या अनजाने में घर छोड़ने के बाद उनके परिवार अनेक प्रकार के अनुभवों तथा प्रभावों का सामना करते हैं, जिसका विस्तार उनके परिवार के अन्य सदस्यों तक पहुंचता है और यह उनके जीवन के प्रत्येक पक्ष को प्रभावित करता है। पीड़ित परिवारों के सदस्यों के अनुभव तथा भावनाऐं एक-दूसरे से सम्बद्ध होती हैं; व्यावहारिक कठिनाइयों से निपटने के प्रयास में परिवारों की जीवन शैली, रोजगार, शिक्षा तथा अन्य सम्पर्कों पर सीधा प्रभाव पड़ता है।

प्रस्तुत अध्ययन में जब उत्तरदाताओं से परिवार के सदस्यों पर पड़ने वाले प्रभाव संबंधी सीधे प्रश्न पूछे गए तो उत्तरदाताओं ने बताया कि गुमशुदा के जाने से परिवार के कुछ लोगों के स्वास्थ्य और मानसिक स्थिति पर गहरा प्रभाव पड़ा। किसी की माँ बीगार रहने लगी, यहाँ तक कि उसकी आंखों की रोशनी भी जाने लगी। कुछ उत्तरदाता स्वयं या उनके परिजन गंभीर अवसाद में चले गए।

सामान्यतः स्वास्थ्य या मानसिक स्थिति पर पड़ने वाला प्रभाव पूरी तरह से गुमशुदा से उस परिजन के लगाव पर निर्भर करता है। अध्ययन में सम्मिलित ज्यादातर उत्तरदाताओं

के परिवार की महिलाओं का स्वास्थ्य गंभीर रूप से प्रभावित हुआ था। किसी गुमशुदा की पत्नी बेसुध रहने लगी थी वहीं एक माँ बेटे की याद में रोते-रोते अंधी हो गई थी। अधिकांश उत्तरदाताओं ने यह भी बताया कि हर आहट पर अपने पति, भाई, बेटे या बेटी का रास्ता तकने वाली महिलाओं को जब उनकी उम्मीद पूरी होते नहीं दिखाई दी तो वे याददाश्त खोने लगीं थीं - चिड़चिड़ी हो गईं थीं - अवसाद में चली गईं थीं।

गुमशुदा के ज्यादातर परिवारों के पुरुषों पर स्वास्थ्य संबंधी नकारात्मक प्रभाव महिला सदस्यों की अपेक्षा कम दिखाई दिया। यह भी हो सकता है कि वे उसे प्रदर्शित नहीं होने दे रहे थे ताकि परिवार पर प्रतिकूल प्रभाव न पड़े। इस अध्ययन में एक उत्तरदाता ने बताया कि गुमशुदा के दादा पर प्रियजन के घर छोड़कर जाने का इतना गहरा प्रभाव हुआ कि उनका देहांत हो गया। कुछ उत्तरदाता भाइयों ने बताया कि गुमशुदा भाई की तलाश में वे लगे रहे लेकिन चिंता में पिता अवसाद में चले गए। उन्हें इससे बाहर लाने के लिए इलाज कराने के साथ-साथ ये बताना पड़ रहा था कि गुमशुदा को तलाश करने के वे क्या प्रयास कर रहे हैं और यह उम्मीद बंधानी पड़ रही थी कि प्रियजन जल्दी ही मिल जाएगा।

गुमशुदा की पत्नियों के स्वास्थ्य पर भी गहरे नकारात्मक प्रभाव इस अध्ययन में दिखाई दिए। जिन परिवारों में पत्नी गृहिणी थीं उन पर मानसिक और शारीरिक दोनों प्रभाव दिखाई दिए। शारीरिक रूप से वह गुमशुदा की याद में रोती थीं और चिंता करती थीं। वहीं गुमशुदा के जाने के बाद परिवार के लिए आर्थिक संसाधन जुटाने की जिम्मेदारी

भी इन्हीं पर आ गई थी, इसलिए चिंता की वजह से इनकी मानसिक स्थिति पर भी गहरा प्रभाव पड़ा। कभी वे चिढ़चिढ़ी होने लगतीं तो कभी रो देती थीं।

गुमशुदा के पीछे छूटे परिवारों पर पड़ने वाले प्रभाव

गुमशुदा के जाने के बाद पीछे छूटे परिवारों पर प्रभाव सामूहिक और व्यक्तिगत दोनों थे। सामान्यतः उत्तरदाताओं से बातचीत में पता चला कि गुमशुदा के पीछे परिवार तीन तरह से प्रभावित हुआ – रोजगार पर प्रभाव पड़ा, परिवार के अन्य बच्चों की शिक्षा प्रभावित हुई तथा अन्य विवाह योग्य सदस्यों के विवाह भी देरी से हुए।

रोजगार पर प्रभाव

गुमशुदा के जाने के बाद परिवार के मुखिया का रोजगार सबसे ज्यादा प्रभावित हुआ। कुछ उत्तरदाताओं ने बताया कि गुमशुदा के जाने के कुछ दिन बाद ही उसके बारे में किसी रिश्तेदार, दोस्त के यहाँ होने की सूचना मिल गई थी इसलिए रोजगार पर प्रभाव नहीं पड़ा। ऐसे गुमशुदा परिवारों में रोजगार पर सबसे ज्यादा प्रभाव पड़ा जो लंबे समय तक नहीं मिले और तलाश करने की जिम्मेदारी उसी मुखिया पर थी जो रोजगार से अपने परिवार के लिए जीवन-यापन के संसाधन जुटा रहा था। ऐसे परिवारों के मुखिया जब तक गुमशुदा की तलाश में लगे रहे रोजगार नहीं कर पाए। एक फल बेचने वाले उत्तरदाता पिता ने बताया कि बेटे के लापता

होने के बाद उसने व्यवसाय नहीं किया। जब जमापूंजी बेटे की तलाश और जीवन निर्वाह में खर्च हो गई तब मजबूरन काम शुरू करना पड़ा। ऐसी स्थिति गुमशुदा के ज्यादातर पिताओं और बड़े भाइयों की थी।

अध्ययन में ऐसे परिवार भी सामने आए जिनके मुखिया ही गुमशुदा हो गए थे। ऐसे परिवार में पालन-पोषण के लिए रोजगार की जिम्मेदारी पत्नी या ऐसे बेटे पर आ गई जो अब तक पढ़ रहा था। ऐसे परिवारों में गुमशुदा को ढूंढने में घर की सारी जमापूंजी खर्च हो गई और कर्ज तक लेना पड़ा था। अंततः जब लगा कि रोजगार के बिना जीवन आगे नहीं बढ़ पाएगा तब ये लोग मजबूरन आधे-अधूरे मन से रोजगार करने लगे।

परिवार के बच्चों की पढ़ाई पर प्रभाव

प्रस्तुत अध्ययन में परिवार के बच्चों की पढ़ाई पर मिला-जुला प्रभाव देखा गया, कुछ बच्चों की पढ़ाई प्रभावित हुई तो कुछ की पढ़ाई पर अभिभावकों ने प्रभाव नहीं पड़ने दिया। ज्यादातर मामलों में अभिभावकों ने बच्चों की पढ़ाई को प्राथमिकता की श्रेणी में रखा। छोटे बच्चों को कुछ दिन स्कूल भेजने की परेशानी तो हुई लेकिन फिर वैकल्पिक साधन तलाश लिए गए जबकि, कुछ उत्तरदाताओं ने बताया कि गुमशुदा के जाने से बच्चों की पढ़ाई प्रभावित हुई, ऐसे अधिकतर मामलों में बच्चे गुमशुदा से ज्यादा लगाव रखते थे और प्रियजन के जाने के बाद उसको याद करते रहते थे या इन परिवारों के पास इतने आर्थिक संसाधन नहीं थे कि वे गुमशुदा को तलाश करने के साथ-साथ बच्चों की पढ़ाई भी जारी रख सकते। अध्ययन में

एक उत्तरदाता ने बताया कि छोटे भाई का गुमशुदा बहन से अत्यधिक लगाव था इसलिए वह 1 साल तक पढ़ नहीं पाया। कुछ परिवार ऐसे भी थे जिनमें गुमशुदा की तलाश में परिजन व्यस्तताओं की वजह से बच्चों को स्कूल नहीं भेज पाए।

परिवार के विवाह योग्य सदस्यों पर प्रभाव

ज्यादातर परिवार जिनमें विवाह योग्य युवक-युवती थे उनकी शादियों में देरी हुई। प्रस्तुत अध्ययन में एक उत्तरदाता का भाई गुम हुआ और उसे तलाश करने में परिवार की व्यस्तताओं और दुख के माहौल की वजह से शादी लगभग तीन साल देरी से हुई। इसी तरह एक उत्तरदाता ने बताया कि उनके भाई बेटी के लिए वर की तलाश में गए थे और खुद ही लापता हो गए, ऐसे में जिस बेटी की शादी उस वर्ष होनी थी वह दो वर्ष बाद हो पाई। एक परिवार ऐसा भी सामने आया जिसमें बेटे की सगाई हो गई थी लेकिन पिता के गुमशुदा होने के बाद ससुराल वालों ने सगाई तोड़ दी और गुमशुदा के बेटे की अब तक शादी नहीं हो पाई।

सारांशतः यह कहा जा सकता है कि जहाँ गुमशुदा जल्दी लौट आए उन परिवारों में रोजगार, बच्चों की शिक्षा एवं विवाह योग्य युवक-युवतियों के विवाह पर कोई प्रभाव नही पड़ा। जबकि लौटकर न आने वाले या लंबे समय बाद लौटने वाले गुमशुदा के परिवारों में इन समस्त कार्यकलापों पर अत्यधिक प्रतिकूल प्रभाव पड़ा।

3

गुमशुदा व्यक्तियों के बारे में पुलिस की प्रतिक्रिया

"बेटे की तलाश में थाने से लेकर अफसरों के घरों तक चक्कर काटे। फिरौती का फोन आने के बाद भी पुलिस कहती रही कि वो खुद ही फोन करवा रहा है। जिन पर शक था उनके नाम भी बताए, लेकिन पुलिस नाटक समझती रही। अब बेटे का कंकाल मिला है। ऐसे में कोई पुलिस से क्या उम्मीद करे?"

(एक गुमशुदा का पिता)

अंग्रेज़ों ने 1857 की क्रांति के बाद 1237 ईसवी से चली आ रही कोतवाल व्यवस्था[1] समाप्त कर तथा पुलिस एक्ट 1861 अपनाकर सबसे पहले भारतीय पुलिस को संगठित

1. मल्लिकल उमर फखरुद्दीन को देहली का पहला कोतवाल माना जाता है। वह 40 वर्ष की आयु में 1237 ईसवी में देहली का कोतवाल बना। मलिक अलॉल मुल्क का नाम भी इतिहास की किताबों में कोतवाल के रूप में वर्णित है। ऐसा माना जाता है कि अलाउद्दीन खिलजी (1290–1320) ने इसे इसके मोटापे के कारण 1297 ईसवी में कोतवाल बनाया था। कोतवाल व्यवस्था 1857 की क्रांति के बाद क्षीण होना आरंभ हो गई थी। उल्लेखनीय बात यह है कि देहली के अंतिम कोतवाल गंगाधर नेहरू (पंडित मोतीलाल नेहरू के पिता, पंडित जवाहर लाल नेहरू के दादा थे), जिन्हें 1857 की क्रांति से ठीक पहले देहली का कोतवाल बनाया गया था (देखें, पुस्तक देहली पुलिस–हिस्ट्री एण्ड हैरिटेज)।

किया। यह अधिनियम गुमशुदा व्यक्तियों के बारे में मौन था। सर्वप्रथम पंजाब पुलिस रूल्स[2] में गुमशुदा व्यक्तियों के बारे में विस्तार से लिखा गया। जब पंजाब पुलिस रूल्स अस्तित्व में आये तब तक दिल्ली पंजाब पुलिस का हिस्सा थी (*सॉवेनिर*, देहली पुलिस डे, फरवरी 1890, पेज 18–19)। देश की आजादी तक यह पंजाब पुलिस का हिस्सा रही। 1948 में, दिल्ली पुलिस का पुनर्गठन किया गया। कालांतर में दिल्ली पुलिस की समस्याओं का अध्ययन करने के लिए वर्ष 1966 में भारत सरकार ने जस्टिस जी.डी. खोसला की अध्यक्षता में एक कमीशन का गठन किया। इस कमीशन (1966–1968) की रिपोर्ट के आधार पर एक बार पुनः दिल्ली पुलिस को संगठित किया गया। इसी रिपोर्ट में गुमशुदा व्यक्तियों को ढूंढ़ने के लिए एक पृथक इकाई की आवश्यकता को विस्तार से समझाया गया जिसमें अपहरण किए गए गुमशुदा बच्चों तथा वयस्कों को तलाशने तथा लावारिस लाशों को पहचानने के लिए एक स्क्वाड के गठन की व्यवस्था सुझाई गई थी।

भारत सरकार द्वारा 15 नवम्बर को पुलिस की भूमिका, प्रकार्य, जवाबदेही, जनता के साथ संबंध, पुलिस के कार्यकलाप में राजनीति का हस्तक्षेप जैसी व्यापक शर्तों के साथ 'नेशनल पुलिस कमीशन' संस्थापित किया गया। इस कमीशन में भी अपहरण तथा गुमशुदा व्यक्तियों को तलाशने के लिए पृथक स्क्वाड के गठन का प्रावधान था। भारत गणराज्य के समस्त राज्यों में जिसमें मध्यप्रदेश भी एक था (1 नवंबर 1956 को मध्यप्रदेश राज्य की स्थापना के बाद भी) स्क्वाड संबंधी समस्त अनुशंसाएं किताबों तक ही सीमित थीं तथा मिसिंग पर्सन्स स्क्वाड के औचित्य पर ही सवालिया

2. पंजाब पुलिस रूल्स वॉल्यूम III चैप्टर XXII रूल 22.79 पेज 79।

निशान था, क्योंकि नियम-अधिनियम लागू करने वालों का विचार था कि समाज के हर वर्ग से व्यक्तियों के गुम होने के प्रकरण पुलिस में पंजीबद्ध किए जाते हैं। इनकी न केवल विशेषताएं अलग-अलग होती हैं बल्कि उनके लापता होने के तरीके भी भिन्न होते हैं। इस अध्याय में उन समस्त पहलुओं का परीक्षण किया गया है जो गुमशुदा से जुड़े हैं तथा उन सभी कार्यों का परीक्षण किया गया है जो गुमशुदा प्रकरण पंजीबद्ध होने के उपरांत पुलिस द्वारा संपन्न किए जाते हैं। यह आवश्यक नहीं है कि ये कार्य किसी निश्चित क्रम में सम्पन्न हों, कई बार ये साथ-साथ भी संपन्न किए जाते हैं। गुमशुदा की जानकारी होने पर पुलिस कब और कैसे प्रतिक्रिया करती है? और क्या गुम होने के तरीके के आधार पर उसकी प्रतिक्रिया में कोई अंतर होता है? यह विवेचना का विषय है।

प्रायः गुमशुदा के प्रकरण में पुलिस की प्रतिक्रिया अन्य घटनाओं से भिन्न होती है। यह वैसी नहीं होती जैसी चोरी, सेंधमारी, बलात्कार या हत्या के प्रकरणों में होती है, क्योंकि गुमशुदा प्रकरण में अपराध के संकेत स्पष्ट नहीं होते। अतः यह घटना पुलिस के लिए एक अत्यंत अनिश्चितता की स्थिति उत्पन्न करती है और पुलिस को संसाधनों और समयाभाव के बावजूद गुमशुदा के परिवारों को संतुष्ट करने के लिए कि उनके प्रियजन को कोई क्षति नहीं पहुंचेगी, पर्याप्त प्रयास करने की आवश्यकता होती है।

पुलिस लूट, चोरी, डकैती, हत्या, बलात्कार जैसे प्रकरणों को संवेदनशील प्रकरणों की श्रेणी में रखती है और समय-समय पर इनकी समीक्षा करती है। इन समस्त प्रकरणों को सुलझाने के लिए पुलिसकर्मियों को ट्रेनिंग दी जाती है तथा प्रकरण की जाँच में होने वाली प्रगति के लिए

जवाबदेही भी तय की जाती है, लेकिन गुमशुदा के प्रकरणों में केवल उन प्रकरणों में जिनमें गुमशुदा के साथ अपराध होने की आशंका होती है पुलिस गंभीरता बरतती दिखाई देती है। प्रायः गुमशुदा प्रकरणों में पुलिस अपनी ओर से प्रयास करने की बजाय, उनके खुद ही लौटकर आने का इंतजार करती है। ऐसे प्रकरणों को सुलझाने के लिए पुलिसकर्मियों को कोई विशेष ट्रेनिंग भी नहीं दी जाती है।

पुलिस के सामने सबसे कठिन समस्या पंजीकृत गुमशुदा प्रकरणों में से उन प्रकरणों को पहचानने की होती है जिनमें अविलंब तथा गहन प्रतिक्रिया आवश्यक होती है। पुलिस द्वारा प्रकरणों की पहचान में देरी ही कार्रवाई में देरी की वजह बनती है। गुमशुदा की तलाश में पुलिस जितनी देर करती है गंभीर प्रकरणों में गुमशुदा की जान को उतना ही खतरा बढ़ता जाता है और परिवार वालों के मन में आक्रोश पनपने लगता है।

प्रस्तुत अध्ययन में ग्वालियर जिले के 37 थानों कोतवाली, माधौगंज, जनकगंज, ग्वालियर, बहोड़ापुर, पड़ाव, हजीरा, महाराजपुरा, गोला का मंदिर, मुरार, थाटीपुर, सिरोल, विश्वविद्यालय, कंपू, झांसी रोड, इंदरगंज, पुरानी छावनी, मोहना, घाटीगांव, पनिहार, उटीला, बेहट, बिजौली, हस्तिनापुर, तिघरा, डबरा, डबरा देहात, आरौन, बेलगढ़ा, बिलौआ, आंतरी, भितरवार, पिछोर, गिजौर्रा, करहिया, चीनौर, भंवरपुरा थानों में पहुंचकर कम से कम एक पुलिसकर्मी से गुमशुदा की तलाश में अपनाई जाने वाली प्रक्रिया, गुमशुदगी की वजह, तलाश में आने वाली परेशानियां, गुमशुदा के परिजनों का व्यवहार, उनका आक्रोश, उपलब्ध संसाधन, तलाश में गंभीरता आदि विषयों पर विस्तृत चर्चा की गई। इस चर्चा में पुलिस

उपमहानिरीक्षक से लेकर थाना प्रभारी, उपनिरीक्षक, सहायक उपनिरीक्षक, प्रधान आरक्षक और आरक्षक को शामिल किया गया। पुलिसकर्मियों से गुमशुदा संबंधी जानकारी एकत्र करने के लिए एक साक्षात्कार दिग्दर्शिका का उपयोग किया गया। आश्चर्यजनक रूप से अध्ययन के दौरान मध्यप्रदेश पुलिस के उच्चाधिकारियों से लेकर इंस्पेक्टर तथा प्रकरण की विवेचना करने वाले पुलिसकर्मियों ने साक्षात्कार में बेझिझक स्वीकार किया कि संसाधनों और पुलिस बल की कमी तथा ट्रेनिंग का अभाव गुमशुदा की तलाश में अड़चनें उत्पन्न करते हैं।

प्रस्तुत अध्ययन में पुलिसकर्मियों के अनुभव के आधार पर गुमशुदा के घर छोड़कर जाने के कारणों को भी जानने की कोशिश की गई। इसमें पता चला कि सामान्यतः गुमशुदा के घर छोड़ने की वजहें विविध होती हैं, जैसे आर्थिक अस्थिरता, सामाजिक और पारिवारिक अलगाव आदि। व्यक्तिगत कारणों के अतिरिक्त, संस्थागत कमियां तथा अन्य व्यक्तियों का हस्तक्षेप आदि वे परिस्थितियां होती हैं जो किसी व्यक्ति के लापता होने में सहायक होती हैं। अध्ययन में यह भी पता चला कि आर्थिक रूप से निम्न मध्यम वर्ग और निम्न वर्ग या सामाजिक रूप से पिछड़े तबके के लोग ज्यादा संख्या में घर छोड़कर जाते हैं। यह लोग किसी न किसी वजह से असंतुष्ट होते हैं जो घर छोड़कर गुमशुदा होने की वजह बनती है। ज्यादातर गुमशुदा कुछ समय बाद स्वयं लौटकर आ जाते हैं, जबकि कुछ कभी घर नहीं लौटते। केवल ऐसे प्रकरण जिनमें गुमशुदा के साथ अपराध होने की आशंका होती है, पुलिस सक्रियता बरतती है और गुमशुदा को लौटाकर लाने के प्रयास में सफल भी हो जाती है।

अध्ययन में यह भी स्पष्ट हुआ कि उच्च सामाजिक आर्थिक वर्ग के परिवारों में से जब कोई गुम होता है तो अक्सर यह आशंका व्यक्त की जाती है कि उनके साथ फिरौती या रंजिशन अपहरण जैसा अपराध हो सकता है। अपराध की आशंका के चलते पुलिस इन मामलों में सक्रियता दर्शाती है। हालांकि ऐसे ज्यादातर प्रकरणों में गुमशुदा लौटते हैं और खुद ही किसी वजह से घर छोड़ने की बात स्वीकार करते हैं। कुछ प्रकरणों में गुमशुदा के साथ अपराध की आशंका सत्य भी साबित होती है। इन प्रकरणों की जाँच का अनुभव रखने वाले एक इंस्पेक्टर का कथन था कि ऐसे प्रकरण जिनमें गुमशुदा को मुक्त किए जाने की एवज में फिरौती मांगी जाती है, गुमशुदा के परिजन प्रायः पुलिस से दूरी बना लेते हैं ताकि अपहरणकर्ता गुमशुदा को नुकसान न पहुंचाएं। जब किसी परिवार के लोग इस तरह से पुलिस से दूरी बना लेते हैं तब पुलिस की समस्या और अधिक बढ़ जाती है तथा विवेचना में कठिनाई होती है। कुछ मामलों में अपहृत गुमशुदा के परिजन पुलिस के साथ रहते हैं तथा गुमशुदा से जुड़ी सूचनाएं भी साझा करते हैं, ऐसे मामलों में पुलिस की जिम्मेदारी अधिक बढ़ जाती है। इन मामलों में पुलिस जब गुमशुदा को तलाश नहीं कर पाती है तो न केवल उस परिवार का बल्कि समाज के एक वर्ग का भरोसा पुलिस से उठने लगता है जो पुलिस के सामाजिक जुड़ाव एवं सामुदायिक पुलिसिंग जैसे कार्यक्रमों के लिए खतरनाक साबित होता है और तब पुलिस को आलोचना व आक्रोश झेलना पड़ता है।

गुम होने के कारण

समाज के विभिन्न वर्गों के गुमशुदा होने वाले व्यक्ति के गुम होने के कारण भी अलग-अलग होते हैं। हालांकि गुम होने संबंधी किस्सों में कई स्थानीय कारकों अथवा समस्याओं के प्रमाण भी मिलते हैं। इसके अलावा कुछ ऐसे गुमशुदा भी होते हैं जिनका गुम होना व लौटकर आना उनकी इच्छा पर निर्भर नहीं करता है, वे या तो अपहरण कर लिए जाते हैं या उन्हें बहला-फुसलाकर ले जाया जाता है। ऐसे गुमशुदा व्यक्तियों के अपराध का शिकार होने की आशंका सबसे अधिक होती है। गुमशुदा प्रकरणों की विवेचना करने वाले पुलिसकर्मियों से बातचीत और उनके अनुभव के आधार पर व्यक्ति के गुमशुदा होने की वजहें निम्नानुसार हो सकती हैं।

1. आर्थिक कारण

व्यक्ति के अपनी इच्छा से घर छोड़ने में आर्थिक कारण एक महत्वपूर्ण वजह है। आर्थिक रूप से कमजोर होने या अचानक व्यापार/कारोबार में नुकसान हो जाने पर अथवा समाज या परिवार के लोगों से लिये गये कर्ज चुकाने की क्षमता समाप्त हो जाने पर व्यक्ति सामाजिक प्रतिष्ठा को लगने वाली ठेस की.आशंका के डर से घर छोड़कर जाने का निर्णय लेता है।

- *आर्थिक स्थिति सुधारने के लिए अच्छे रोजगार विकल्प की तलाश में घर छोड़ना:* घर छोड़कर गुमशुदा होने की यह वजह ज्यादातर उन क्षेत्रों में देखी जाती है जहाँ आर्थिक रूप से कमजोर लोग निवास करते हैं। इन क्षेत्रों में लोगों को घर के आस-पास अच्छा रोजगार विकल्प

नहीं मिलता, जिसकी वजह से वे अपना जीवन-यापन ठीक ढंग से नहीं कर पाते और न ही अपने परिवार के लोगों की इच्छाओं को पूरा कर पाते। रोजगार के साधन के अभाव और परिवार के जीवन-यापन स्तर के बीच समन्वय स्थापित न कर पाने के कारण व्यक्ति दबाव का अनुभव करता है; वह सोचने लगता है कि परिवार के समुचित भरण-पोषण योग्य संसाधन इस रोजगार विकल्प में नहीं जुटाए जा सकते, तो वह घर छोड़ कर चला जाता है। ऐसे प्रकरणों में गुमशुदा व्यक्ति घर छोड़ने के बाद अच्छे रोजगार विकल्प तलाशता है और जब वह सफल हो जाता है तब पुनः परिवार के संपर्क में आ जाता है या घर लौट आता है और यदि ऐसा व्यक्ति अपनी कल्पना के अनुसार रोजगार नहीं प्राप्त कर पाता तब वह लंबे समय तक परिवार से दूर या गुमशुदा रहता है। कई प्रकरणों में यह देखा गया है कि लंबे समय तक गुमशुदा रहने वाले व्यक्ति के परिजन उसका अभाव महसूस करते हैं और लगातार उसकी तलाश में लगे रहते हैं। परिवार द्वारा तलाश हेतु किए जा रहे प्रयत्नों की जानकारी जब गुमशुदा तक समाचार पत्रों या अन्य किसी माध्यम से पहुंचती है तब कई बार वह वापस घर आ जाता है। कुछ प्रकरणों में यह भी पता चला कि संसाधन न जुटा पाने की वजह से बहुधा गुमशुदा अवसाद में चला जाता है और फिर वह या तो घर लौटता ही नहीं है या फिर तब तक अवसाद में ही रहता है जब तक पुलिस उस तक नहीं पहुंचती है।

- *अचानक व्यापार में घाटा या कर्ज का बोझ:* गुमशुदा के घर छोड़कर चले जाने के आर्थिक कारणों में यह भी

एक अन्य महत्वपूर्ण कारण है। समाज के आर्थिक रूप से सम्पन्न व्यक्तियों की आर्थिक स्थिति जब व्यापार में नुकसान या अन्य कारणों से कमजोर हो जाती है तब उनके लिए समाज में अपनी प्रस्थिति कायम रख पाना कठिन हो जाता है और इसके कारण उपजे अवसाद में कुछ लोग घर छोड़कर चले जाते हैं। इसी तरह जब कोई व्यक्ति कर्ज के बोझ से दब जाता है और उसे लगता है कि वर्तमान संसाधनों से वह कर्ज नहीं चुका पाएगा तो वह प्रायः घर छोड़ देता है। अध्ययन से ज्ञात हुआ कि अधिकांश लोगों की कर्ज में डूब जाने की वजहों में ज्यादातर जुआ खेलना, सट्टा लगाना, शराबखोरी करना आदि जैसी बुरी आदतें प्रमुख वजहें थीं।

2. सामाजिक कारण

गुमशुदा के घर छोड़ने के कुछ सामाजिक कारण भी इस अध्ययन में स्पष्ट हुए। सामाजिक ताने-बाने में किसी संबंध के टूटने या इसकी आशंका होने पर अथवा नये संबंध बनाने में पुराने संबंध रुकावट बनते नज़र आने पर व्यक्ति पुराने संबंधों को छोड़कर चला जाता है।

- *प्यार और शादी के लिए घर छोड़ना:* शादी के लिए या प्रेमी/प्रेमिका का साथ पाने के लिए घर छोड़ना भी गुमशुदा होने की एक वजह होती है। साधारणतः 25 वर्ष तक के युवाओं में यह प्रवृत्ति ज्यादा दिखाई देती है। इस तरह के युवक-युवतियों द्वारा घर छोड़कर जाने से परिवार को दोहरे दुख और परेशानी का सामना करना पड़ता है। पहले तो ऐसे परिवार गुमशुदा के अभाव से

दो–चार होते हैं, फिर व्यापार–व्यवसाय छोड़कर उनकी तलाश में लग जाते हैं। इसके साथ ही अभिभावक या परिवार को अपनी सामाजिक प्रतिष्ठा की चिंता भी रहती है, और वे परिजन की गुमशुदगी को छिपाते हैं; पुलिस तक देर से पहुंचते हैं, जिसके परिणामस्वरूप गुमशुदा की तलाश में भी व्यवधान उत्पन्न होते हैं।

यद्यपि इस तरह के प्रकरणों में गुमशुदा कुछ समय बाद शादी करके लौट आते हैं या फिर जब प्यार का भ्रम टूटता है तो युवा साथी को छोड़कर घर की ओर रुख कर लेते हैं। ऐसे मामलों में यह भी देखने में आता है कि कभी–कभी परिवार को गुमशुदा के बारे में जानकारी भी होती है और वे इसे परिवार के स्वाभिमान को ठेस मानते हैं और गुमशुदा को तलाश करने या उसके पास पहुंचने के प्रयास से यथासंभव बचने का प्रयत्न करते हैं।

गुमशुदा की विवेचना का अनुभव रखने वाले एक सब–इंस्पेक्टर या उपनिरीक्षक का कथन है कि थानों में युवाओं के गुमशुदा होने के जो मामले आते हैं उनमें ज्यादातर प्यार के वशीभूत जाने के ही होते हैं। युवाओं के गुमशुदा होने की सूचना जब थाने पहुंचती है तो परिजन से गुमशुदा के विपरीत लिंग के दोस्तों के बारे में भी जानकारी ली जाती है। इसके अलावा ज्यादातर मामलों में परिजन भी संदेही का नाम लेते हैं। ऐसे में विवेचना का दायरा कम हो जाता है और गुमशुदा के जल्द मिलने की संभावना बढ़ जाती है।

- *किसी सामाजिक संबंध के कमजोर होने की वजह से घर छोड़ना:* गुमशुदा लोगों की तलाश करने का अनुभव

रखने वाले एक पुलिसकर्मी ने अपने साक्षात्कार में बताया कि कुछ मामलों में परिवार के किसी सदस्य के कृत्य से खफा होने की वजह से गुमशुदा उस परिजन से दूरी बनाना चाहता है और इस कोशिश में वह कभी-कभी घर छोड़कर भी चला जाता है। पुलिस तक इस तरह के प्रकरण पहुंचते अवश्य हैं लेकिन अन्य गुमशुदा प्रकरणों की अपेक्षा इनकी संख्या कम होती है। कभी माता या पिता अपने बेटे या बेटी द्वारा उनकी इच्छा के विरुद्ध विवाह करने पर घर छोड़ देते हैं; तो कभी शादी के लिए दबाव डालने पर बेटा या बेटी अपने माता-पिता का घर छोड़ देते हैं।

ज्यादातर युवाओं के गुमशुदा होने के मामलों में पुलिस उन्हें तलाशने की चिंता भी ज्यादा नहीं करती है। पुलिस को पता होता है कि वह किसके साथ हो सकते हैं? हालांकि सदैव ऐसा नहीं होता। ऐसे भी प्रकरण प्रकाश में आते हैं जब पुलिस के संदेह गलत साबित होते हैं, यहाँ तक कि तुरंत तफ़तीश के अभाव में गुमशुदा की मृत्यु हो जाती है।

३. पारिवारिक या सामुदायिक कारण

गुमशुदा के घर छोड़कर जाने में पारिवारिक वजहें भी शामिल होती हैं। साधारणतः इन वजहों में पति-पत्नी, माता-पिता के बीच छोटे और बड़े विवाद शामिल होते हैं। इन विवादों की वजह से जब संबंध बिगड़ते हैं तो परिवार का माहौल तनावपूर्ण हो जाता है। इस तनावपूर्ण माहौल से जो व्यक्ति

सामंजस्य नहीं बना पाता या उसका निदान नहीं तलाश पाता तो वह तनाव में या गुस्से में घर छोड़ देता है।

- *पति–पत्नी विवाद:* परिवार में तनाव की ज्यादातर वजह पति-पत्नी के विवाद होते हैं। इन विवादों का प्रभाव पति या पत्नी पर ही नहीं, परिवार के अन्य सदस्यों पर भी पड़ता है और इनमें से कोई भी सदस्य विवाद से उपजे तनाव की वजह से घर छोड़कर चला जाता है।

  पति-पत्नी के विवाद के कारणों में साधारणतः पति या पत्नी द्वारा पारिवारिक जरूरतों को पूरा न कर पाना या एक-दूसरे के चरित्र पर शंका से उपजा विवाद होता है। इन विवादों से उपजा पारिवारिक क्लेश तनाव की वजह बन जाता है। ऐसे में जब कोई व्यक्ति खुद को तनाव से घिरा पाता है या दूसरे के कृत्यों की वजह से मानसिक रूप से परेशान होता है तब वह इस तनाव से दूर जाने की कोशिश में घर छोड़ देता है। इस वजह से गुमशुदा होने वालों में पति, पत्नी, बच्चे या फिर माँ-बाप भी हो सकते हैं।
- *माँ–बाप के विवाद में बच्चों का घर छोड़कर जाना:* माँ-बाप के बीच प्रतिदिन होने वाले विवादों की वजह से कभी-कभी बच्चे भी घर छोड़ देते हैं। ऐसे बच्चों की उम्र सामान्यतः 5 से 14 वर्ष के बीच होती है। माँ-बाप के बीच लगातार विवाद होने की स्थिति में बच्चा खुद को असहाय महसूस करता है; ऐसी परिस्थिति में वह नया सहारा तलाश करने या तनाव के हालात से दूर रहने के लिए घर छोड़ देता है।

4. स्वास्थ्य संबंधी कारण

गुमशुदा होने की घटना में कई बार स्वास्थ्य भी एक महत्वपूर्ण वजह होती है। व्यक्ति जब रोगग्रस्त होकर मानसिक रूप से संतुलित नहीं रह पाता है और उसे यह अनुमान हो जाता है कि वह इस रोग से छुटकारा नहीं पा सकता है अथवा वह अनुभव करता है कि उसके स्वास्थ्य के कारण अन्य परिजन भी परेशानी उठाते हैं, तो वह घर छोड़कर चला जाता है। ऐसे व्यक्तियों को तलाश करने में पुलिस और उनके परिजन को सबसे ज्यादा परेशानी का सामना करना पड़ता है, क्योंकि ऐसे गुमशुदा अपने पीछे ऐसे कोई चिन्ह छोड़कर नहीं जाते जिनसे इनको तलाश किया जा सके। ऐसे गुमशुदा लोगों की श्रेणी में मानसिक रूप से अस्वस्थ व्यक्ति भी शामिल होते हैं।

5. अनावश्यक दबाव

जब व्यक्ति किसी कार्य को करने में स्वयं को असमर्थ पाता है इसके बावजूद परिजन उस कार्य को करवाने के लिए दबाव डालते हैं या फिर उस व्यक्ति से ज्यादा अपेक्षा करते हैं तब वह व्यक्ति स्वयं पर दबाव का अनुभव करता है और घर छोड़ने की कोशिश करता है या घर छोड़ देता है। अनावश्यक दबाव का सबसे ज्यादा प्रभाव बच्चों या युवाओं पर पड़ता है। पढ़ाई में ज्यादा नंबर लाने या कॅरियर चुनने में दबाव डालने पर ऐसे लोग घर छोड़कर चले जाते हैं।

गुमशुदा की तलाश करने में पुलिस की प्रतिक्रिया और प्रक्रिया

गुमशुदा प्रकरणों में पुलिस की प्रतिक्रिया और प्रक्रिया तब शुरू हो पाती है जब परिजन के शुरुआती प्रयास निष्फल साबित हो जाते हैं। गुमशुदा प्रकरणों में सामान्यतः परिवार पहले कुछ घंटे गुमशुदा का इंतजार करता है, इसके बाद नाते-रिश्तेदारों और दोस्तों के यहाँ तलाश करता है। उसके बाद भी जब सफलता नहीं मिलती है तो परिजन पुलिस थाने पहुंचकर गुमशुदा की सूचना देते हैं, तब पुलिस शुरुआती जानकारी दर्ज करने के बाद गुमशुदा की तलाश शुरू करती है।

सामान्यतः किसी अपराध की तफ़तीश प्राथमिकी के पंजीयन के साथ आरंभ होती है। एफ.आई.आर. (प्रथम सूचना रिपोर्ट) पहले एक संज्ञेय अपराध का अनुमान होती है परन्तु जब यह गंभीर आपराधिक प्रकरण हो जाते हैं तब प्राथमिकी वास्तविक या विशिष्ट कानून की संबंधित धाराओं के तहत दर्ज की जाती है। तदनुसार पुलिस आगे की जाँच-पड़ताल करती है। यद्यपि जब 'गुमशुदा व्यक्तियों' के प्रकरण की जानकारी पुलिस थाने में दी जाती है तब उसकी प्रविष्टि सामान्य डायरी में की जाती है– कोई प्रथम सूचना रिपोर्ट पंजीबद्ध नहीं की जाती।

गुमशुदा प्रकरण में पुलिस की प्रतिक्रिया वैसी नहीं होती है जैसी अन्य संवेदनशील प्रकरणों में होती है, क्योंकि गुमशुदा को परिभाषित करना तथा गुमशुदगी को एक आपराधिक घटना कहना प्रारंभिक स्तर पर कठिन होता है। वास्तव में लापता होने वाले अधिकांश व्यक्ति गुमशुदा के रूप में पंजीबद्ध होते हैं चाहे वह लापता होने के बाद स्वयं जल्दी घर लौट

आए हों या लौटने के बाद दोबारा चले गए हों। यह पुलिस के लिए अत्यंत अनिश्चय की स्थिति उत्पन्न करती है और उसे गुमशुदा परिवारों को संतुष्ट करने के लिए पर्याप्त प्रयास करना पड़ता है। इस विवेचना के आधार पर कतिपय मामलों में विशिष्ट जाँच प्रतिपादित करना पड़ती है। यदि शंका गुमशुदा की खरीद-फरोख्त की होती है तो इस तरह के मामले 'एंटी ह्यूमन ट्रैफिकिंग सैल' को सौंप दिये जाते हैं।

पुलिस गुमशुदा की उम्र के आधार पर दो प्रकार से जाँच की शुरुआत करती है। गुमशुदा नाबालिग होता है तो माना जाता है कि कोई उसका अपहरण करके ले गया होगा और अपहरण की धाराओं के तहत प्रकरण पंजीबद्ध कर लिया जाता है। ऐसे मामलों में संदेही या आरोपी कभी अज्ञात होता है तो कभी संदेह के आधार पर उसे ज्ञात मानकर तलाश शुरू की जाती है। कुछ मामलों में प्रारंभिक जाँच के बाद पता चलता है कि बालिग गुमशुदा का अपहरण किया गया है तब अपहरण की एफ.आई.आर. दर्ज कर जाँच शुरू कर दी जाती है, हालांकि ज्यादातर बालिग गुमशुदा के मामले में पुलिस की वैसी सक्रियता दिखाई नहीं देती जैसी उम्मीद गुमशुदा के परिजन करते हैं।

साधारणतः गुमशुदा को तलाश करने में पुलिस की प्रक्रिया निम्नांकित चरणों में पूरी होती है:

एफ.आई.आर. या गुमशुदगी दर्ज की जाना

सामान्यतः गुमशुदा के परिजन जब पुलिस थाने में सूचना देने और पुलिस की मदद मांगने पहुंचते हैं तब बालिग गुमशुदा के मामले में पुलिस गुमशुदगी की सूचना दर्ज करती है और

नाबालिग गुमशुदा के मामले में एफ.आई.आर. दर्ज की जाती है। ऐसे प्रकरणों में परिजन को गुमशुदा के नाबालिग होने का सबूत प्रस्तुत करना होता है।

साक्षात्कार के समय पुलिस के लगभग सभी अधिकारी इस बात से सहमत थे कि गुमशुदा की सूचना मिलते ही जाँच अधिकारी को सबसे पहले उसके घर या उस स्थान की जहाँ उसे आखिरी बार देखा गया था, अच्छे से जाँच करनी चाहिए। इससे किसी भी संदिग्ध घटना के उजागर होने की संभावना बढ़ जाती है। घर में खून के धब्बों का मिलना या ऐसी वस्तुओं का मिलना जो गुमशुदा के जाने वाले स्थान अथवा मनःस्थिति की ओर संकेत कर सकें, जाँच की दिशा निर्धारित करने में सहायक होते हैं। आवश्यक होने पर रिश्तेदारों, दोस्तों तथा मिलने वालों के घर की तलाशी भी लेनी चाहिए, मुख्य रूप से उन लोगों की जिनके साथ उसे लापता होने से पहले देखा गया था। लेकिन सामान्यतः ऐसा उन्हीं प्रकरणों में होता है जिनमें गुमशुदा के साथ अपराध होने या फिर किसी नाबालिग के अपहरण की आशंका होती है। सामान्य गुमशुदा के प्रकरणों में यह प्रक्रिया नहीं अपनाई जाती है।

गुमशुदगी सूचना या एफ.आई.आर. दर्ज करने के साथ ही विवेचना अधिकारी गुमशुदा के नाते-रिश्तेदारों, दोस्तों, दुश्मनों आदि के बारे में जानकारी नोट करता है तथा गुमुशदा का नवीनतम फोटो भी मांगता है ताकि तलाश को अधिक स्पष्टता मिल सके। पुलिसकर्मी जानकारी लेने के साथ ही परिजन को सलाह देते हैं कि वह अपने स्तर पर नाते-रिश्तेदारों, दोस्तों के यहाँ पर गुमशुदा को तलाश करें, यदि गुमशुदा के बारे में कोई भी जानकारी मिले तो वह तत्काल पुलिस के साथ साझा करें।

गुमशुदा को तलाश करने के पुलिस के तरीके

गुमशुदा के बारे में सारी जानकारी नोट करने के बाद पुलिस निम्नलिखित तरीके से गुमशुदा को तलाश करती है और जाँच पूरी करती है:

- गुमशुदा के परिवार के लोगों व नाते-रिश्तेदारों से बात करके गुमशुदा की मानसिक स्थिति के बारे में पता करना कि जाने से पहले वह किसी बात को लेकर परेशान तो नहीं था। अगर परेशानी और उसकी वजह मालूम चल जाती है तो उसके आधार पर उसको तलाश किया जाता है।
- पुलिस यह भी पता करती है कि गुमशुदा को आखिरी बार कहाँ, किसके साथ और किस परिस्थिति में देखा गया था? यह जानकारी मिलने के बाद पुलिस की जाँच आगे बढ़ती है अन्यथा जाँच की गति धीमी हो जाती है।
- गुमशुदा अगर अपने साथ मोबाइल फोन ले गया है तो उसके फोन की लोकेशन के सहारे तलाश करने की कोशिश की जाती है। अगर मोबाइल फोन 'स्विच्ड ऑफ' मिलता है तो कॉल डिटेल रिकॉर्ड मंगवाकर जाँच की जाती है कि गुमशुदा सबसे ज्यादा किससे बात करता था? उस व्यक्ति से भी गुमशुदा के बारे में जानकारी हासिल की जाती है।
- गुमशुदा के फोटो देश, प्रदेश, संभाग और जिले के पुलिस थानों में भेजकर गुमशुदा के बारे में जानकारी प्राप्त की जाती है। पुलिस के पास संसाधन कम होने और सूचना साझा करने की पद्धति विकसित न होने की वजह से इससे ज्यादा मदद नहीं मिलती।

- पुलिस गुमशुदा को आसपास के अस्पतालों में, घायलों के बीच इस आशंका के साथ तलाश करती है कि उसके साथ कोई हादसा तो नहीं हुआ। इसके अलावा अज्ञात लाशों के बीच भी पहचान के लिए उसके परिजन को बुलाया जाता है।
- गुमशुदा के फोटो को समाचार पत्र और इलेट्रॉनिक मीडिया में प्रकाशित करवाया जाता है। जरूरत होने पर सार्वजनिक स्थल पर पर्चे बंटवाए जाते हैं, ताकि कहीं उसके बारे में किसी को जानकारी हो तो वह पुलिस को बता सके।
- जिन मामलों में अपहरण का संदेह जताया जाता है और संदेही के बारे में भी सुराग दिया जाता है तब पुलिस पहले उस संदेही के बारे में जानकारी जुटाती है और यदि संदेही अपने घर से गायब मिलता है तो उसके परिजन से पूछताछ की जाती है तथा उसकी गतिविधियों पर नज़र रखी जाती है।
- पुलिस गुमशुदा व्यक्ति को होने वाले अनिष्ट की आशंका का विश्लेषण भी करती है।
- यह भी आकलन करती है कि घटना जैसी दिख रही है वैसी है या इसमें किसी घटिया खेल की संभावना है।
- पुलिस यह भी जाँच करती है कि गुमशुदा के साथ किसी प्रकार का पारिवारिक दुर्व्यव्यवहार या हिंसा तो नहीं हुई है।
- यह भी जाँच करती है कि गुमशुदा व्यक्ति कोई मुजरिम, किसी घटना का गवाह या अपराध का शिकार तो नहीं है।

गुमशुदा के अपने आप लौट आने या मुक्त कराने के बाद की प्रक्रिया

गुमशुदा के खुद ही घर लौट आने के बाद पुलिस उसे थाने बुलाती है या उसके घर पहुंचकर गुमशुदा के बयान लेती है। वह गुमशुदा से पूछती है कि वह किन परिस्थितियों में गुमशुदा हुआ था, उसने अपने घर को क्यों छोड़ा था? और इस दौरान वह कहाँ-कहाँ रहा? गुमशुदा से यह भी पूछा जाता है कि उसके साथ कोई अपराध तो नहीं हुआ है अगर उसके साथ कोई अपराध न होने की बात सामने आती है तो उसके बयान लेने के बाद परिजन के सुपुर्द कर दिया जाता है। गुमशुदा बालिग है और परिजन की बजाय किसी अन्य व्यक्ति के साथ जाना चाहता है तो उसकी इच्छा से उसके साथ भेज दिया जाता है और प्रकरण में खात्मा रिपोर्ट लगा दी जाती है। अगर गुमशुदा के साथ अपराध हुआ है तो जाँच जारी रखी जाती है, अपराध कारित करने वालों की तलाश की जाती है और उन्हें गिरफ्तार कर उनके खिलाफ सबूत जुटाए जाते हैं।

अगर गुमशुदा को अपहरण करने का मामला पहले ही दर्ज किया जा चुका है तो उसका अपहरण करने वाले को गिरफ्तार किया जाता है। मुक्त कराए गए गुमशुदा के बयान के आधार पर आरोपी के खिलाफ सबूत इकट्ठे किए जाते हैं। अगर आरोपी ने गुमशुदा को मुक्त करने की एवज में रुपए लिए हैं तो वह बरामद किए जाते हैं। इसके अलावा अपराध में उपयुक्त किए जाने वाला हथियार या अन्य सामान जो सबूत के रूप में न्यायालय में प्रस्तुत किया जा सकता है उसे जब्त किया जाता है।

गुमशुदा की तलाश में पुलिस के सामने आने वाली समस्याएं

गुमशुदा की तलाश करने की शुरुआत से जाँच खत्म करने तक पुलिस के सामने भिन्न-भिन्न प्रकार की समस्याएं आती हैं जिनका निदान पुलिसकर्मी स्वयं करता है और कभी-कभी इन समस्याओं को हल करने में स्वयं को अक्षम पाता है।

संसाधन संबंधी समस्याएं

(अ) पुलिस को गुमशुदा की तलाश में संसाधन संबंधी समस्याएं सर्वाधिक आती हैं। सर्वप्रथम विवेचना अधिकारी के पास जाँच भेजने से पहले प्रकरण के वर्गीकरण की व्यवस्था नहीं होती है कि किन मामलों में अतिरिक्त संसाधन चाहिए और किन में सामान्य संसाधनों से गुमशुदा की तलाश की जा सकती है। सामान्यतः गुमशुदा की तलाश की पूरी जिम्मेदारी उसी व्यक्ति की मानी जाती है जिसे विवेचना सौंपी जाती है। उसके सहयोग के लिए किसी को भी तैनात नहीं किया जाता है, ऐसा पुलिस बल की कमी और कार्य की अधिकता की वजह से होता है।

(ब) गुमशुदा व्यक्ति के किसी दूरस्थ स्थान पर होने की संभावना जताई जाती है या ऐसी कोई सूचना मिलती है तो पुलिस के पास तत्काल वहां जाने के संसाधनों की उपलब्धता को लेकर कठिनाई होती है। ऐसे में अनेकों बार गुमशुदा के परिजन को संसाधन जुटाने होते हैं। अगर गुमशुदा के परिजन सक्षम नहीं हैं तो उन्हें उस

समय का इंतजार करना होता है जब पुलिस के पास संसाधनों की उपलब्धता हो जाए।

(स) कुछ प्रकरणों में गुमशुदा के परिजन पुलिस का सहयोग नहीं करते जिसकी वजह से गुमशुदा की तलाश में पुलिस को परेशानी उठानी पड़ती है। गुमशुदा प्रकरणों की जाँच का अनुभव रखने वाले एक इंस्पेक्टर का कथन था कि परिजन जब पुलिस को गुमशुदगी की सूचना देते हैं तब ऐसी कोई महत्वपूर्ण सूचना नहीं देते जिसका सीधा संबंध गुमशुदा और उसकी गुमशुदगी से होता है। बाद में पुलिस जब इन छिपाई हुई सूचनाओं को अपने प्रयासों से हासिल करती है तब तक गुमशुदा काफी दूर जा चुका होता है। किसी युवती के गुमशुदा होने के मामले में अक्सर परिजन उसके पुरुष दोस्तों या प्रेमी के बारे में जानकारी देने से बचते हैं। ऐसा वे सामाजिक प्रतिष्ठा बचाने के लिए करते हैं लेकिन उक्त जानकारी छिपाए जाने से पुलिस जाँच की दिशा भटक जाती है।

किसी गुमशुदा को मुक्त करने की एवज में फिरौती मांगे जाने के कुछ मामलों में परिजन पुलिस से जानकारियां छिपाना शुरू कर देते हैं। नाबालिग के अपहरण के मामले में अपहरणकर्ताओं की ओर से फिरौती की मांग आने के बाद परिजन पुलिस से दूरी बना लेते हैं, वे मानते हैं कि पुलिस को सूचना देने से गुमशुदा की जान को खतरा हो सकता है। ऐसे में वह पुलिस के पास जाने की बजाय फिरौती की रकम का इंतजाम करने लगते हैं। इससे भी गुमशुदा की जाँच में लगी पुलिस के लिए समस्याएँ पैदा होतीं हैं।

(द) प्रायः गुमशुदा की तलाश में देरी होने पर पुलिस को परिजन के आक्रोश का भी सामना करना पड़ता है। कई बार आक्रोशित परिजन चक्काजाम और प्रदर्शन भी करते हैं। ऐसे में पुलिस को गुमशुदा की तलाश में किए गए प्रयास और उनमें सफलता के बारे में भी परिजन को बताकर संतुष्ट करना पड़ता है। हालांकि इस घटनाक्रम से पुलिस की जाँच पर भी असर पड़ता है। कभी-कभी इससे रुकावट आती है और गुमशुदा दूर निकल जाता है।

गुमशुदा की तलाश में पुलिस द्वारा छोड़ी जाने वाली कमियां

प्रस्तुत अध्ययन के समय गुमशुदा की तलाश करने वाली पुलिस की कार्यवाहियों में कुछ कमियां भी परिलक्षित हुई हैं, जिनकी वजह से गुमशुदा की तलाश भी प्रभावित होती है तथा पुलिस की कार्यवाही पर भी सवालिया निशान लगते हैं:

1. गुमशुदा की तलाश या विवेचना में लगे पुलिसकर्मियों को इस काम के लिए विशेष ट्रेनिंग न दिया जाना, जबकि अन्य अपराधों की विवेचना के लिए समय-समय पर ट्रेनिंग दिए जाने की व्यवस्था रहती है।
2. पुलिसकर्मियों में समन्वय के अभाव की वजह से भी गुमशुदा की तलाश में परेशानी आती है। देश, प्रदेश, संभाग, जिले और थानों की पुलिस के बीच गुमशुदा की तलाश के लिए जरूरी समन्वय का अभाव होता है, जिसकी वजह से गुमशुदा के बारे में जानकारी जुटाने

में परेशानी होती है। कभी-कभी एक थाने की पुलिस द्वारा किसी व्यक्ति को आपराधिक मामले में गिरफ़्तार किया जाता है जबकि दूसरे थाने में उसके गुमशुदा होने की रिपोर्ट दर्ज होती है, ऐसा समन्वय और सूचनाओं के आदान-प्रदान के अभाव के कारण होता है।

3. गुमशुदा प्रकरणों की जाँच से जुड़े अफसर और पुलिसकर्मी भी स्वीकार करते हैं कि गुमशुदा की तलाश में जिला या थाना स्तर की पुलिस द्वारा महती प्रयास किए जाते हैं लेकिन इसके नियमन और नियंत्रण के लिए कोई स्पष्ट नीति नहीं है, खासकर बालिग गुमशुदा के प्रकरणों में। हालांकि नाबालिग गुमशुदा के मामलों में उच्चतम न्यायालय द्वारा गंभीरता बरतने के निर्देशों के बाद नीति निर्धारित की गई है।

जैसे, नाबालिग गुमशुदा के मामलों में तुरंत अपहरण का मामला दर्ज कर आरोपी की तलाश करने के निर्देश दिए जाते हैं; जो नाबालिग गुमशुदा 4 माह या इससे ज्यादा समय तक ज्ञात नहीं हो पाता है तब ऐसे प्रकरणों को तलाश करने की जिम्मेदारी 'एंटी ह्यूमन ट्रैफिकिंग सैल' को दी जाती है। भारत सरकार का गृह मंत्रालय गुमशुदा बच्चों को ढूंढ़ने, अपराधियों से उन्हें सुरक्षित करने तथा उनका यथोचित पुनर्वास करने के लिए एक परियोजना 'ऑपरेशन स्माइल' संचालित करता है। इस परियोजना को 'ऑपरेशन मुस्कान' के नाम से भी जाना जाता है। भारत सरकार राज्य सरकारों के पुलिस अधिकारियों को समझदारी से बच्चों को बचाने व संभालने के लिए प्रशिक्षित करती है। वर्ष 2015-16 में मध्यप्रदेश सरकार ने गुमशुदा बच्चों को ढूंढ़ने के लिए सड़कों पर भीख मांगने वाले,

मजदूरी करने वाले बच्चों के बीच यह 'ऑपरेशन मुस्कान' अभियान चलाया था।

शासन द्वारा गुमशुदा की तलाश के लिए नीति बनाए जाने को लेकर साक्षात्कार के समय पुलिसकर्मियों से प्रश्न भी पूछे गए। अधिकांश पुलिसकर्मी नाबालिग को तलाश करने के लिए बनाए गए नीति और नियमों के बारे में जानकारी रखते थे। लेकिन बालिग गुमशुदा की तलाश के लिए कोई नीति बनी है या नहीं, इस प्रश्न पर कुछ पुलिसकर्मी अनभिज्ञ थे जबकि शेष का जवाब नकारात्मक था।

मुख्य विचारणीय बिंदु

गुमशुदा व्यक्तियों के प्रकरण में पुलिस के सम्मुख अनेक विचारणीय बिंदु होते हैं। मुख्य रूप से पुलिस निम्न बिंदुओं पर विशेष ध्यान देती है:

1. गुमशुदा व्यक्ति के स्वास्थ्य के बारे में
2. लापता हुए व्यक्तियों के अधिकारों के सम्मान के संबंध में
3. गुमशुदा के मित्रों-रिश्तेदारों के प्रति सहानुभूति का व्यवहार
4. गुमशुदा व्यक्ति के किसी गंभीर अपराध के शिकार होने की आशंक।
5. संदिग्ध प्रकरणों में सबूतों का संरक्षण एवं व्यवस्थापन
6. प्रत्येक प्रकरण के लिए उपयुक्त संसाधन

पुलिस अधिकारियों-कर्मचारियों के साक्षात्कारों से यह स्पष्ट था कि अधिकांश गुमशुदा प्रकरणों की विवेचना करते

समय पुलिस के सामने सबसे नाजुक समस्या उपरोक्त बिंदुओं के संबंध में आती है। कुछ प्रकरणों में यह विरोधाभासी प्रतीत होते हैं जैसे गुमशुदा के अधिकारों के सम्मान तथा उनके मित्रों तथा रिश्तेदारों के प्रति सहानुभूतिपूर्वक व्यवहार के बीच संतुलन बनाना पुलिस के लिए एक गंभीर नैतिक समस्या पैदा करती है। ऐसे प्रकरण जिनमें पुलिस यह पता लगा लेती है कि गुमशुदा कहाँ हैं परंतु गुमशुदा स्वयं यह सूचना अपने परिवार को नहीं देना चाहता है। इसी प्रकार गुमशुदा प्रकरण पंजीबद्ध कराने वाले व्यक्ति का लापता कराने में लिप्त होने पर पुलिस गंभीर असमंजस में फंस जाती है।

अध्ययन से यह बात भी प्रकाश में आई कि गुमशुदा प्रकरणों की विवेचना में पुलिस कुछ प्रकरणों को अतिसंवेदनशील की श्रेणी में रखती है। 'अतिसंवेदनशील' शब्द उन समस्त व्यक्तियों के लिए प्रयुक्त किया जाता है जो परिस्थितिवश लापता हुए हैं और जिसका उनकी सेहत पर हानिकारक प्रभाव हो सकता है। पुलिस द्वारा उन सभी गुमशुदा व्यक्तियों को अतिसंवेदनशील माना जाता है जो लंबे समय से लापता हैं; बच्चे, बूढ़े, नशेड़ी या मानसिक व शारीरिक रूप से अशक्त हैं। हालांकि गुमशुदा व्यक्तियों को इस प्रकार का वर्गीकरण कभी कभार ही व्यक्ति द्वारा अनुभव किए गए विशिष्ट संकट के स्पष्ट संकेत देते हैं, अपितु गंभीर जाँच के नाम पर पुलिस को आलोचना से बचाने के लिए एक कवच का काम भी करता है।

अतिसंवेदनशील गुमशुदा व्यक्ति कम से कम चार तरह के संकटों का सामना करता है: प्राकृतिक, दुर्घटना, आत्महत्या या स्वक्षति तथा गंभीर अपराध। प्रस्तुत अध्ययन हेतु विभिन्न पुलिसकर्मियों तथा अधिकारियों से साक्षात्कार के उपरांत यह

ज्ञात हुआ कि प्रत्येक गुमशुदा इनमें से प्रत्येक संकट का शिकार हो सकता है, अतः इस प्रकार का वर्गीकरण पुलिस की प्रतिक्रिया के लिए उपयुक्त नहीं माना जा सकता। आवश्यकता ऐसे अध्ययन की है जो स्पष्ट करे कि गुमशुदा व्यक्ति द्वारा सामना किए गए संकट और उनकी विशेषताएं तथा पुलिस को गुमशुदगी की सूचना देने वाला व्यक्ति एवं लापता होने की परिस्थितियों जैसे अन्य कारकों के बीच सहसंबंध है ताकि विभिन्न प्रकार के गुमशुदा व्यक्तियों के प्रति पुलिस अधिक प्रभावकारी प्रतिक्रिया कर सके।

अध्ययन में यह स्पष्ट हुआ कि पुलिस गुमशुदा प्रकरणों की प्रतिदिन औपचारिक समीक्षा करती है किन्तु आवश्यकता समीक्षा के समय, समीक्षा करने के लिए उपयुक्त व्यक्ति की उपलब्धता तथा समीक्षा के उद्देश्यों की स्पष्टता की है। अध्ययन में सम्मिलित पुलिसकर्मियों ने नाम न छापने की शर्त पर बताया कि सामान्यतः इन प्रकरणों की औपचारिक समीक्षा के बाद गहन समीक्षा के लिए सप्ताह में एक दिन निर्धारित है, तथा लंबे समय से लापता व्यक्तियों के प्रकरणों की समीक्षा प्रत्येक तीन माह बाद की जाना आवश्यक है। दैनिक समीक्षा सब इंस्पेक्टर द्वारा तथा गहन समीक्षा उप पुलिस अधीक्षक या पुलिस अधीक्षक द्वारा किए जाने का प्रावधान है। जबकि वास्तविकता यह है कि पुलिस अधिकारियों द्वारा की जाने वाली साप्ताहिक, मासिक अपराध समीक्षा बैठकों में कुल गुमशुदा तथा ढूँढ़े गए व्यक्तियों की चर्चा तक नहीं की जाती, यहाँ तक कि पुलिस महानिरीक्षक द्वारा की जाने वाली वार्षिक अपराध समीक्षा में इसका उल्लेख तक नहीं होता।

4

गुमशुदा व्यक्तियों के परिवारों में अभावबोध, आवश्यकताएँ एवं चुनौतियां

"76 साल की उम्र में जैसे-तैसे अपने बेटे के दो बच्चों को पाल रहा हूँ, उन तमाम परिवारों का क्या होता होगा जिनमें कमाने वाले के लापता हो जाने के बाद उनके बच्चों की देखभाल के लिए कोई सहारा नहीं रह जाता। उनके लिए तो दो जून की रोटी की व्यवस्था भी कठिन हो जाती है। हमारे बाद न जाने इन बच्चों का क्या होगा?"

(एक गुमशुदा का वृद्ध पिता)

गुमशुदा व्यक्तियों के परिवारों में अभावबोध, उनकी आवश्यकताओं तथा चुनौतियों के गहन अध्ययन हेतु चयनित गुमशुदा परिवारों के 34 जवाबदेह व्यक्तियों से जब यह पूछा गया कि वे क्या चाहते हैं? तब बहुत से परिवारों ने अपने अधिकारों की जानकारी होते हुए भी अधिकार की भाषा का प्रयोग नहीं किया। उन्हें मालूम था कि न्याय और क्षतिपूर्ति प्राप्त करना उनका अधिकार है तब भी उनके लिए अभावबोध चर्चा का विषय था, अधिकार नहीं। गुमशुदा व्यक्तियों के ज्यादातर परिवार उन परिस्थितियों की अधिक बात कर रहे थे

जिनसे दैनंदिन समस्याएँ पैदा हो रही थी। इस प्रकार उनके अभावबोध पर बातचीत की भाषा ही उनकी आवश्यकताएँ बन गई थीं। यद्यपि ऐसे परिवारों की आवश्यकताओं का सामान्यीकरण करना अत्यंत कठिन है, ये न केवल ग्रामीण व नगरीय परिवेश के आधार पर, शैक्षणिक व सामाजिक-आर्थिक स्थिति के आधार पर भिन्न होती हैं वरन् परिवारों के बीच में भी अलग-अलग होती हैं और ये भिन्नता परिवार के सदस्यों के परस्पर संबंधों पर निर्भर करती है। परिवारों की आवश्यकताओं में यह अंतर कई बार परिवार में गुमशुदा की प्रस्थिति के आधार पर भी होता है।

साक्षात्कार के समय उत्तरदाताओं से उनके परिजनों के गुम होने के उपरांत परिवार की अपेक्षाओं तथा प्राथमिकताओं के बारे में पूछा गया। इस प्रश्न के उत्तर में परिवार के सदस्यों ने कभी ढेर सारे प्रति प्रश्न पूछे, कभी उनके पास कहने के लिए कुछ नहीं था; सिर्फ सूनी आँखें या आँखों से बहती अश्रुधारा। स्वजनों के घर से लापता हो जाने के प्रश्न के उत्तर में तीन प्रकार की प्रतिक्रियाएँ मिलीं–अधिकांश परिवारों की सर्वोच्च प्राथमिकता लापता स्वजन कहाँ हैं, किस हाल में हैं, यह जानने की थी; बच्चों की पढ़ाई, इलाज व परिवार का भरण-पोषण दूसरी प्राथमिकता थी जबकि परिजन को घर से जाने के लिए प्रेरित करने वालों को दण्ड मिले, अंतिम प्राथमिकता थी। वैसे तो अधिकांश परिवार अपनी प्राथमिकताओं पर स्पष्ट थे पर वे अपने लापता स्वजन की नियति के बारे में यह अवश्य जानना चाहते थे कि वह जिंदा है अथवा नहीं। साथ ही, उनकी अपेक्षा परिवार की माली हालत सुधारने के लिए किए जाने वाले प्रयासों में थी, जबकि बहुत ही कम परिवार मुख्य रूप से शहरी तथा शिक्षित,

गुमशुदा के संबंध में न्याय को अपनी प्राथमिकता मानते थे। इस प्रकार, यह विश्लेषण विकल्पों के समुच्चय की अपेक्षा सापेक्षित आवश्यकताओं के संस्तरण को दर्शाता है। बातचीत से यह भी स्पष्ट हुआ कि गुमशुदा व्यक्ति के परिवारों के पुरुष सदस्य ज्यादातर न्याय, दण्ड आदि जैसे राजनीतिक विषयों को महत्व दे रहे थे, वहीं महिलाओं के लिए गुमशुदा से जुड़े सामुदायिक व सामाजिक विषय अधिक महत्वपूर्ण थे।

परिवारों की सामुदायिक एवं सामाजिक आवश्यकताएँ

अधिकांश परिवारों की पहली प्राथमिकता अपने परिजन की विश्वसनीय जानकारी प्राप्त करना होती है चाहे उसकी पृष्ठभूमि तथा प्रस्थिति कुछ भी हो, लेकिन ऐसे परिवार प्रायः अपने परिजन के गुम होने की पुष्टि अन्य व्यक्तियों से चाहते हैं ताकि उन्हें किसी प्रकार का कोई संदेह न रहे। अधिकतर परिवार पहले अपने स्तर पर परिजन को ढूंढ़ने का प्रयास करते हैं और जब उन्हें कोई खबर नहीं मिलती तब पुलिस को सूचना देते हैं और फिर वह व्यक्ति 'गुमशुदा'[1] बन जाता है।

लापता होने की परिस्थितियों के बारे में अस्पष्ट जानकारी अफवाहों के फैलने का आधार बन जाती हैं। ये अफवाहें सामान्यतः इस बारे में होती हैं कि गुमशुदा कहाँ है, किस हाल में हैं और वह क्यों गया है? ये तीनों तरह की अफवाहें गुमशुदा के परिवारों को विचलित करती हैं। जब अफवाह गुमशुदा कहाँ है, इस बारे में होती है तब वह परिवार के प्रयासों को

1. यद्यपि पुस्तक में 'गुमशुदा' के लिए मिलते-जुलते शब्द 'लापता' तथा 'अदृश्य' भी प्रयोग किए गए हैं। वस्तुतः अध्ययन में 'गुमशुदा' शब्द का प्रयोग इंटरनेशनल ह्यूमनिटेरियन लॉ (आई.एच.एल) के अनुरूप सामान्य अर्थ में किया गया है।

भ्रमित करती है। इस अफवाह के कारण कई बार परिवार के सदस्यों को गुमशुदा की तलाश में भटकना पड़ता है तथा समय व धन के अपव्यय के साथ-साथ उन पर भावनात्मक दबाव बढ़ जाता है।

> मुरार में रहने वाले गरीब इलेक्ट्रीशियन डालचंद अपने 4 बेटों और पत्नी के साथ कम संसाधनों में परिवार चला रहे थे। अचानक एक दिन इनके परिवार पर दुखों का पहाड़ टूट पड़ा। 23 जनवरी 2013 को इनका 11 साल का बेटा अमन घर से दोस्तों के साथ खेलने के लिए गया फिर लौटा ही नहीं। डालचंद रोजगार छोड़कर उसे तलाश करते रहे, जब परिवार चलाने में धन की कमी आने लगी तो दोबारा काम शुरू कर दिया। अमन की माँ नीलम बदहवास सी हो गई है और मौहल्ले वालों से अपने बेटे के बारे में पूछती रहती है।
>
> डालचंद बताते हैं कि अमन घर में सबसे छोटा था, पर पढ़ने में सबसे होशियार इसलिए उन्होंने उसकी पढ़ाई की व्यवस्था केन्द्रीय विद्यालय में की थी। डालचंद उसे अफसर बनाना चाहते थे और अमन भी अपनी कक्षा में अव्वल छात्रों में शामिल था। अमन के लापता होने के तीन माह बाद कुछ लोगों ने बताया कि उसे एम.एच. चौराहे पर देखा था। तलाश भी किया लेकिन असफलता हाथ लगी। पुलिस ने भी आवेदन ले लिया लेकिन कोई कार्रवाई नहीं की। अब परिचित-रिश्तेदार बाबाओं-तांत्रिकों से मिलने की सलाह देने लगे

> हैं। काम में मन नहीं लगता और बड़े बेटे रोज रेलवे स्टेशन और बस स्टेण्ड पर उसकी तलाश में जाते हैं। जो जमापूंजी थी वो भी अमन को ढूंढ़ने में, ज्योतिषियों के चक्कर में चुक गई, अब सिर्फ इंतजार बचा है।

जब अफवाह गुमशुदा के जिंदा रहने या मरने के बारे में होती है तब परिवार इस अफवाह पर भरोसा करने के लिए स्वयं तथ्य जुटाने के प्रयास नहीं करते, बल्कि अफवाह फैलाने वाले या इस तरह की जानकारी देने वाले से ही गुमशुदा के संसार में होने या न होने का साक्ष्य चाहते हैं; इस अफवाह पर वे भरोसा तब ही करते हैं जब उन्हें इस संबंध में पुख्ता प्रमाण मिल जाते हैं।

> पान पत्ते की गोठ, कंपू में रहने वाले 89 साल के रिटायर्ड कृषि विकास अधिकारी शंकर राव के 39 साल के छोटे बेटे संजय ने 8 मार्च 2014 की शाम को कपड़े पहने और घर से यह कहकर निकला कि कुछ देर में लौट आएगा लेकिन लौटकर नहीं आया। शंकर राव बताते हैं कि कुछ वर्ष पहले उसे किडनी में स्टोन की शिकायत हुई थी वो ठीक भी हो गई थी। अभी कुछ महीने पहले पेट में एक गठान होने की बात पता चली थी। डॉक्टर ने इस बारे में उसे कुछ बता भी दिया था, उसके बाद से वह उदास रहने लगा था। उसने अपनी माँ व पत्नी से कह दिया था कि वह 15 जून तक का ही मेहमान है।

> 8 मार्च को घर से निकलने से पहले संजय ने अपनी अंगूठी व पर्स घर में रखा छोड़ा था। संजय के घर छोड़ने की सूचना मिलते ही उसका बड़ा भाई बैंगलुरु से ग्वालियर आया और दो महीने तक पुलिस के साथ संजय की तलाश में लगा रहा और जब कोई सुराग नहीं मिला तो वापस बैंगलुरु लौट गया। अब तलाश का संघर्ष अकेले पिता शंकर राव कर रहे हैं और इंतजार के भारी पल माँ विजया और पत्नी लीना काट रही हैं।
>
> शंकर राव बताते हैं कि जिस समय संजय घर से निकला तब वह ठीक से चल नहीं पा रहा था, पता नहीं कहाँ तक पहुंचा होगा। हां, उम्मीद बाकी है कि वह लौटकर आएगा लेकिन लोग कहते हैं जिस हाल में घर छोड़कर गया है उससे लगता नहीं कि वह अब लौटेगा।

जब अफवाह गुमशुदा के घर से जाने के कारण के बारे में होती है, तब वह सीधे गुमशुदा के चरित्र या व्यवहार को प्रतिबिंबित करती है और इससे पूरा परिवार प्रभावित होता है। जैसे कभी किसी विवाहित गुमशुदा के बारे में अफवाह होती है कि उसका संबंध किसी अन्य महिला/पुरुष से था, यह अफवाह गुमशुदा की पत्नी/पति तथा बच्चों को सबसे ज्यादा प्रभावित करती है या जब अफवाह गुमशुदा की बुरी लत के बारे में होती है तब पूरा परिवार उस दंश को झेलता है।

> नगर निगम के फोर्थ क्लास कर्मचारी 45 साल के रमेश की कमाई तो कम थी लेकिन परिवार

खुशहाल था। तीन बेटियों की शादी कर चुके थे और इकलौते बेटे अरुण की शादी की तैयारियों में लगे थे। माधौगंज के गुढ़ागुढ़ी के नाके पर रहने वाले रमेश एक शाम ऑफिस से आने के बाद घर से निकले फिर लौटे ही नहीं। उन्होंने जाने से पहले किसी को इस बात का अहसास भी नहीं होने दिया कि वो किसी बात से परेशान हैं। कुछ समय तक तो परिवार उनके घर से जाने का कारण ढूंढ़ने में लगा रहा। शुरुआत में बेटे अरुण ने अंदाजा लगाया कि शराब के नशे में माँ से झगड़ा होने की वजह से कहीं चले गए होंगे। शराब पीने को लेकर उनका माँ से प्रायः झगड़ा होता था लेकिन वह भी परिवार के लिए एक सामान्य प्रक्रिया बन गई थी।

7 सितम्बर 2014 को भी वह नौकरी से शराब पीकर ही आए थे। शराब को लेकर माँ गीता से विवाद भी हुआ था और इसके बाद पिताजी बाजार जाने की कहकर घर से निकल गए फिर लौटकर नहीं आए। पहले तो समझे कि किसी रिश्तेदार के यहाँ गए होंगे लेकिन जब देर रात तक नहीं लौटे तो तलाश शुरू कर दी। रिश्तेदारों और दोस्तों में जब पता नहीं चला तब 10 सितम्बर को थाने में गुमशुदगी दर्ज करवा दी। पुलिस ने तलाश करने में कोई जल्दबाजी नहीं दिखाई और कहती रही शराबी हैं जब मौज खत्म हो जाएगी लौट आएंगे।

> अरुण ने पिता को सभी संभावित जगहों पर तलाश किया लेकिन पिता नहीं मिले। अरुण कहते हैं कि पुलिस ने पिता को कितना तलाश किया यह तो दिखाई नहीं दिया लेकिन जहाँ भी लावारिस लाश मिली तो उसकी पहचान के लिए जरूर बुला लिया। लेकिन भगवान का शुक्र है कि उन लाशों में पिता का चेहरा नहीं मिला।

यह सत्य है कि कोई भी परिवार गुमशुदा का प्रकरण पुलिस में पंजीबद्ध करने के उपरांत भी शांत नहीं बैठता। परिवारों के सदस्य अपनी क्षमतानुसार गुमशुदा को तलाशने का सतत् प्रयास करते रहते हैं। प्रस्तुत अध्ययन में ग्रामीण व नगरीय परिवेश के परिवारों में उनके गुमशुदा को तलाशने के तरीकों में सापेक्षिक अंतर दिखाई दिया। ग्रामीण परिवारों की अपेक्षा नगरीय परिवारों में सोशल मीडिया, अखबार, जनप्रतिनिधियों से सहयोग जैसे प्रयास अधिक दिखाई दिए।

> शहर की पॉश कॉलोनी चेतकपुरी में रहने वाले चश्मा कारोबारी नितिन का अचानक गायब हो जाना एक ऐसा संशय है जो अब भी कायम है। 30 वर्षीय महत्वाकांक्षी युवा कारोबारी नितिन को एलआईसी का कारोबार अपने पिता से विरासत में मिला था लेकिन उसे लगता था कि अकेला यही काम उसके विलासितापूर्ण जीवन के सपने को पूरा नहीं कर सकता, इसलिए उसने चश्मे के कारोबार में हाथ आज़माया और सफलता हासिल की। उसने शहर में दो-दो शोरूम खोले। नितिन

के खुशहाल तथा संपन्न परिवार में माँ अंजू, पत्नी दामिनी व 5 साल का बेटा ईशान है।

9 अक्टूबर 2014 को पता नहीं ऐसा क्या हुआ कि घर से एलआईसी की मीटिंग में शामिल होने की कहकर निकले नितिन वापस घर नहीं लौटे। 2 साल से पुलिस देश के तमाम हिस्सों में तलाश कर चुकी है, तो परिवार अमेरिका तक नितिन की पड़ताल कर चुका है और नितिन बेसुराग है। 9 अक्टूबर की रात को नितिन की कार बसंत विहार में लावारिस हालत में खड़ी मिल गई। मीडिया, कारोबारी मित्रों तथा जनप्रतिनिधियों के दबाव में नितिन को तलाशने की जिम्मेदारी क्राइम ब्रांच को सौंप दी गई। क्राइम ब्रांच की पड़ताल में पता लगा कि उन्होंने 9 अक्टूबर को बैंक से रुपए निकाले थे तथा कपड़े भी खरीदे थे। पुलिस का कहना है कि नितिन स्वयं घर छोड़कर गए हैं लेकिन माँ और पत्नी ऐसा मानने को तैयार नहीं हैं। दामिनी कहती हैं कि नितिन की तलाश में कितना खर्चा हुआ इसका हिसाब तो जोड़ा नहीं लेकिन 6-7 लाख तो बाबाओं और ज्योतिषियों के चक्करों में ही खर्च हो गए। सोशल साइट्स पर 500 से ज्यादा लोगों ने सूचना को देखा भी लेकिन उम्मीद की सूचना कहीं से नहीं मिली। माँ अंजू कहती हैं कि कभी-कभी नितिन के बारे में निगेटिव विचार आते हैं लेकिन उम्मीद अब भी बाकी है और नितिन स्वयं गया है या उसका अपहरण हुआ है, संशय कायम है।

वहीं ग्रामीण परिवारों में सदस्यों का झुकाव गुमशदा को तलाशने के तरीकों में गुमशुदा के इश्तहार छपवाने और संभावित स्थानों पर प्रचार-प्रसार करने में अधिक दिखा। हालांकि वे सोशल मीडिया के उपयोग को जानते थे परन्तु गुमशुदा को तलाशने में उसे कारगर माध्यम नहीं मान रहे थे। अध्ययन में यह भी प्रकाश में आया कि इश्तहार छपने के बाद कुछ फ़र्ज़ी लोगों ने गुमशुदा के परिवारों से सम्पर्क किया और गुमशुदा की सूचना देने के लिए पैसे मांगे। इस प्रकार कई परिवार परिजन की तलाश में बहुत सा पैसा खर्च कर देते हैं, यहाँ तक कि उन पर कर्ज तक हो जाता है और जब उनके पास गुमशुदा को तलाशने के संसाधन समाप्त हो जाते हैं तब गुमशुदा के लौटने की सारी उम्मीदें 'सर्वशक्तिमान' पर छोड़ देते हैं।

> पनिहार कस्बे से सटे गांव नहर का पुरा में शहरीपन की सुगंध आती है। इसी गांव में रहने वाले विजयराम अपने बेटों के लिए पनिहार में धंधा तलाश रहे थे और अपनी इकलौती बेटी को भी ऐसी जगह ब्याहना चाहते थे जो शहर के नजदीक हो।
>
> बुजुर्ग विजयराम 7 अप्रैल 2007 को बेटी के ब्याह के लिए वर तय करने मुरैना के पास उमरिया का पुरा जाने के लिए घर से निकले तो थे लेकिन न तो उमरिया का पुरा पहुंचे और न ही घर लौटे। परिजनों ने पहले नाते-रिश्तेदारों के यहाँ तलाश की फिर इसके बाद पनिहार थाने में पुलिस को सूचना दे दी। परिजन और पुलिस विजयराम को

> तो छोड़िए उनके जाने की वजह भी नहीं तलाश पाए हैं।
>
> बेटों ने पिता के इश्तहार भी छपवाए और पता लगाने वालों को इनाम देने की बात लिखवाई। इश्तहार में प्रकाशित फोन नम्बर पर कुछ लोगों ने सम्पर्क भी किया लेकिन वे ठग निकले तथा सही पता नहीं बता पाए इससे परेशानी कम होने की बजाय बढ़ गई। विजयराम को तलाशने के लिए कर्ज लेना पड़ा और कर्ज चुकाने के लिए खेत बेचने पड़े। 11 साल बाद भी विजयराम पुलिस के रिकॉर्ड में 'गुमशुदा' हैं, परिजन उम्मीद खो चुके हैं लेकिन विजयराम की पत्नी ध्वजा को भगवान पर अडिग विश्वास है कि वे जरूर लौटेंगे।

अध्ययन में यह ज्ञात हुआ कि अधिकांश परिवार चाहे वे किसी भी पंथ को मानने वाले हों, उनकी सामाजिक-आर्थिक स्थिति कुछ भी हो, वे कितने भी पढ़े-लिखे हों, अपने परिजन की तलाश में ऐसी सभी जगह जाते हैं जहाँ उनके लापता परिजन की कोई खबर या वापसी की कोई उम्मीद हो। कई बार यह जानते हुए भी कि उनके द्वारा दी गई सूचना झूठी होती है, वे बिना पुष्टि के केवल आस में तांत्रिकों, साधुओं, फकीरों से मिलते हैं; तो कभी गुमशुदा की विश्वसनीय जानकारी के लिए ज्योतिषियों के पास इसलिए जाते हैं कि वे उनके प्रश्नों का तुरंत उत्तर दे सकते हैं। चूंकि भारतीय समाज में ज्योतिष को धर्म के साथ जोड़कर देखा जाता है अतः सामान्य व्यक्ति के लिए उसकी विश्वसनीयता को नकारना कठिन होता है।

यह भी जानकारी मिली कि अधिकांश परिवारों में अपने परिजन को पुनः देखने की तीव्र और वास्तविक इच्छा थी। वे अपने परिजन के लापता होने के कुहासे को जल्दी से जल्दी छंटता हुआ देखना चाहते थे। जिन परिवारों से गुमशुदा बिना कोई संकेत दिए घर छोड़कर चले गए थे, वे परिवार गुमशुदा के मिलने के साथ यह जानने को भी आतुर थे कि उसके घर से जाने की वजह क्या थी? ऐसे परिवारों के सदस्य परिजन के अचानक घर से चले जाने के बाद परिवार में बने माहौल को लेकर हतप्रभ थे तो कभी गुमशुदा को याद करके उदास हो जाते थे। यह भी सच है कि समय के साथ आश्चर्यचकित होने की स्थिति धीरे-धीरे कम होने लगती है तथा परिजनों का उदास होना गुमशुदा से उसके लगाव पर निर्भर करता है जो उनकी जरूरतों से पैदा होता है।

> मोहना का मंदबुद्धि नवाब खाँ अपनी माँ जमीला का सबसे प्यारा बेटा, पिता के गुजर जाने के बाद माँ और अपने भाई अफजल के परिवार के साथ ही रहता था। वह कहता था कि बिना काम के खाना हराम है, इसलिए जंगल से जलाऊ लकड़ियां काटकर लाता था। उसके लिए यह काम था और घरवालों के लिए ईंधन की बेफिक्री।
>
> 29 मई 2013 को नवाब जंगल में लकड़ी काटने की कहकर गया था, उसके बाद लौटा नहीं। दो दिन तक भाई अफजल उसे जंगल में और रिश्तेदारों के यहाँ तलाश करता रहा, जब वह नहीं मिला तो मोहना थाने में इसकी सूचना दे दी और खुद भी तलाश में लगा रहा।

> माँ जमीला कहती हैं कि वह कम बुद्धि का है कैसे जिंदा रह पाएगा इस जमाने में। घर में रसोई के समय हर रोज नवाब को याद किया जाता है। रो-रोकर माँ की आंखों की रोशनी जाती रही। उन्हें जब भी हिचकी आती है तो कहती हैं कि नवाब याद करता होगा। तीन साल गुजरने के बाद भी वह उम्मीद लगाकर बैठी हैं कि वह जरूर लौटेगा क्योंकि अल्लाह ऐसा चाहता है।

प्रायः गुमशुदा परिवार के सदस्य यह स्वीकार नहीं कर पाते कि उनके परिजन की मृत्यु हो चुकी है, इसलिए उनमें गुमशुदा की नियति का प्रमाण पत्र प्राप्त करने की प्रबल इच्छा होती है। वे ऐसी सूचना चाहते हैं जिसमें किसी प्रकार का कोई संदेह न हो, भले ही सूचना परिजन की मृत्यु से ही क्यों न जुड़ी हो। गुमशुदा के बारे में यह अनिश्चितता कि उसके साथ कोई क्षति हुई भी है अथवा नहीं, परिवार के वर्तमान को प्रभावित करती है। परिवार के सदस्यों को यह भी पता नहीं होता कि उन्हें कभी इस अनंत कष्ट से मुक्ति मिलेगी भी या नहीं।

पूरे परिवार के साथ समूह के रूप में एक साथ बातचीत में जब परिवार के सदस्यों से यह पूछा गया कि क्या किसी परिजन की मृत्यु से जन्मे वियोग और क्षति की तुलना परिजन के घर से लापता हो जाने से उपजे वियोग से की जा सकती है? क्या गुमशुदा परिजन के चले जाने से उपजा भावनात्मक दबाव गुजरते समय के साथ वैसे ही कम हो जाता है जैसे परिवार के किसी सदस्य की मृत्यु के बाद हो जाता है? अधिकांश परिवारों के सदस्यों ने इन प्रश्नों को बेमानी माना

और इस विचार को अस्वीकार कर दिया। हालांकि कुछ प्रकरणों में इनकी स्वीकार्यता थी किन्तु गुमशुदा की अनिश्चित नियति के कारण ऐसे प्रकरणों में शोक प्रक्रिया निलंबित रहती है और अंततः दुःख बरकरार रहता है। ज्यादातर उत्तरदाता सदस्यों का कहना था कि समय बीतने के साथ कष्ट कम नहीं होता, वो वर्षों बाद भी उतना ही रहता है जितना पहले दिन था।

> शकुंतला उस मनहूस रात को कभी नहीं भूल पाती हैं। 20 अप्रैल 2010 को रात 8 बजे आईटीआई के इम्तिहान दे रहा उनका छोटा बेटा पवन (25 वर्ष) दोस्त के घर पढ़ने की कहकर निकला था। जब सुबह घर नहीं लौटा तो उसके भाई और पिता ने तलाशना शुरू किया। अगले दिन भाई राजीव ने पड़ाव थाने में जाकर सूचना पुलिस को दी, जिसे दर्ज तो कर लिया गया लेकिन पवन को खोजने की जिम्मेदारी पुलिस ने परिजनों पर ही डाल दी।
>
> आठ साल की इस तलाश में भाई की ठेकेदारी, जमापूंजी का बड़ा हिस्सा, समय तथा पिता का स्वास्थ्य जाता रहा। माँ शकुंतला अवसाद में रहती हैं। रो-रोकर आँसू भी सूख गए लेकिन उसकी याद, उसके जाने का दुःख और लौटने की आस अब भी जिंदा है।

जब परिवारों को यह ठोस आभास हो जाता है कि गुमशुदा मर चुका है; चाहे वे किसी भी धर्म के अनुयायी हों उन्हें उसकी पार्थिव देह या पूरे साक्ष्य चाहिए ताकि वे विश्वास कर सकें तथा आवश्यक धार्मिक संस्कार कर सकें। मृत्यु

के उपरांत, किसी भी परिवार के लिए धार्मिक प्रवृत्तियां तथा व्यावहारिक दायित्व मृत्यु को विशिष्ट तरीके से अभिव्यक्त करने तथा मानव अवशेषों अथवा पार्थिव देह को सम्मान देने पर बल देते हैं। हिंदुओं के लिए दाह संस्कार वह प्रक्रिया है जो आत्मा को मुक्ति देती है तथा उसकी गति को सुगम बनाती है, जबकि अन्य समुदायों जैसे मुसलमानों, ईसाइयों, पारसियों तथा जनजातियों में अंतिम संस्कार की प्रक्रिया भले ही भिन्न होती है किन्तु इनको सम्पन्न करने की आवश्यकता के कारण परिवारों एवं समुदायों के लिए समान होते हैं। इस प्रकार, मृत्यु के प्रमाण की यह आवश्यकता कानून प्रवर्तन एजेंसियों के प्रति अविश्वास के कारण और अधिक अपरिहार्य हो जाती है।

सामान्यतः परिवार पुलिस द्वारा की गई लाश की पहचान पर विश्वास नहीं करते तथा बहुत से परिवारों को भी यह मिथ्या विश्वास होता है कि वे लाश को कपड़ों तथा धारित वस्तुओं से पहचानने में योग्य हैं। वास्तविकता में अधिकांश परिवार मृत देह तथा मानव अवशेषों की पहचान की प्रक्रिया से अनभिज्ञ होते हैं क्योंकि उन्होंने कभी सोचा ही नहीं होता कि वे कभी परिजन की लाश देखेंगे। इन परिवारों के लिए एक दस्तावेज उनके परिजन की मृत्यु का पर्याप्त प्रमाण नहीं होता क्योंकि भारतीय संस्कृति में मृत्यु सदैव वह है जिसे परिवार द्वारा सीधे अनुभव किया जाता है।

आधी उम्र तक साड़ी के शोरूम पर कम तनख्वाह वाली नौकरी करने वाले राजेंद्र का बड़ा बेटा घर में हाथ बंटाने के लिए कॉलेज की पढ़ाई के साथ एक निजी बैंक में पार्ट टाइम नौकरी करने लगा

था और छोटा बेटा हाईस्कूल में पढ़ रहा था। 6 अप्रैल 2015 को 20 वर्ष का अभय नौकरी के लिए निकला और फिर रात तक लौटा नहीं। पिता ने खोजना शुरू किया और बीच-बीच में कॉल भी लगाते रहे। एक बार कॉल लग भी गया तो रिसीव करने वाले ने फिल्मी अंदाज में अभय के अपहरण की बात बताई तथा 20 लाख रुपए का इंतजाम करने के लिए कहा।

पिता ने कम्पू थाने में पहुंचकर पूरी घटना बताई, शिकायत एक हवलदार ने सुनी और घटनास्थल झाँसी रोड थाने का होना बताकर रवाना कर दिया। झाँसी रोड थाने में भी उन्होंने बेटे अभय के लापता होने तथा फिरौती मांगे जाने की बात बताई, लेकिन बात नहीं सुनी गई और अपहरण के मामले को सामान्य गुमशुदगी में दर्ज कर घर जाने को कह दिया गया। लगातार दौड़-धूप के बाद भी पुलिसकर्मी अभय को लड़की के चक्कर में अपनी मर्जी से जाना बताते रहे और पुलिस अधिकारी फिरौती के फोन कॉल्स को उसकी नाटकबाजी।

राजेन्द्र की उम्मीद पुलिस से टूटी तो उन्होंने बाबाओं, फकीरों और ज्योतिषियों की शरण ली। इन लोगों ने उसे भरोसा दिलाया कि अभय जिंदा है। आखिर 3 महीने 9 दिन बाद 14 जुलाई को राजेंद्र को पता चला कि उनके बेटे की हत्या कर दी गई है और हत्यारे पकड़े गए हैं। राजेन्द्र कहते हैं कि पुलिस ने उनकी बात को गंभीरता से लिया होता तो भले ही उसका बेटा जिंदा नहीं मिलता

लेकिन उसकी मृत देह तो सही मिल पाती। अब तो कंकाल पर पड़े कपड़ों से ही बेटे की पहचान कर पाए हैं।

परिवारों की वित्तीय आवश्यकताएँ

अध्ययन में सम्मिलित 141 परिवारों में से 102 परिवारों की आर्थिक स्थिति निम्न या निम्न मध्यम स्तरीय थी तथा उनके पास जीवन-यापन के संसाधन भी अपर्याप्त थे। इन परिवारों का मूल्यांकन इनकी आर्थिक असुरक्षा के विस्तार के अनुसार किया गया है। इस अध्ययन में 'वित्तीय आवश्यकताओं' की परिभाषा लगभग सार्वभौमिक तरीके से सभी परिवारों द्वारा भोजन, इलाज व बच्चों की शिक्षा के लिए की गई है। इन परिवारों के लिए 'वित्तीय आवश्यकताएँ' द्वितीय वरीयता थीं। परिजन के लापता होने के बाद से परिवार के सदस्य उसे खोजना शुरू करते हैं। पुलिस में गुमशुदगी दर्ज करने के बाद भी वे उसे तलाशते हैं; पोस्टर तथा पर्चे छपवाते हैं, सोशल मीडिया का उपयोग करते हैं और इन सब पर समय व धन दोनों खर्च करते हैं।

अधिकांश परिवारों पर गुमशुदा को ढूंढ़ने के भावनात्मक तथा अन्य व्यावहारिक दबावों के कारण उनके सदस्यों की नौकरी-धंधों पर नकारात्मक प्रभाव पड़ता है, यहाँ तक कि उनकी जमापूंजी चुक जाती है और वे कर्ज में डूब जाते हैं। अध्ययन में शामिल कुछ परिवारों ने गुमशुदा व्यक्ति का कर्ज लौटाने के लिए कर्ज लिया था ताकि गुमशुदा की और परिवार की बदनामी न हो और जब वह लौटे तो उस पर कोई वित्तीय दबाव न रहे, भले ही वह किसी वित्तीय दबाव में ही क्यों न लापता हुआ हो।

माधौगंज में रहने वाले रामवरन कारपेंटर के बेटे सूरज ने 13 जनवरी 2016 को अचानक घर को अलविदा कह दिया। बेटे के लापता होने की जानकारी होते ही रामवरन ने उसकी तलाश शुरू कर दी एवं दो दिन तक तलाश के बाद पुलिस थाने में प्रथम सूचना दे दी। पुलिस पड़ताल में सूरज की पत्नी ने वो चिट्ठी थमा दी जो सूरज ने घर से निकलने से पहले लिखी थी जिसमें पत्नी से विवाद, प्रताड़ना और कर्ज की बात का विस्तार से वर्णन था।

रामवरन कहते हैं कि उन्होंने अपने बेटे की शादी दो वर्ष पहले संध्या (परिवर्तित नाम) के साथ की थी। सूरज 10वीं कक्षा तक स्कूल गया था। पढ़ाई में मन न लगने के चलते रामवरन ने उसे अपने साथ कारपेंटरी में लगा लिया। संध्या इंटर पास थी। शादी वाले दिन ही उसने सूरज से नर्सिंग का कोर्स करने की इच्छा जताई। घरवालों की अनिच्छा के बावजूद बेटे ने उसे नर्सिंग का कोर्स कराया, जिसके लिए उसने जान-पहचान वालों से लाख-दो लाख का कर्ज भी ले लिया। इस बीच संध्या का व्यवहार बदलने लगा, शिक्षा को लेकर असमानता बढ़ने लगी और उनमें आपस में विवाद शुरू हो गए। उनके आपसी विवाद सुलझाने की बहुत कोशिश भी की। सूरज का कर्ज चुकाने के लिए कर्ज लेना पड़ा ताकि वे दोनों तनावमुक्त रहकर जीवन व्यतीत करें। रामवरन कहते हैं कि अच्छा हो कि सूरज सुरक्षित लौट आए, पत्नी के

> साथ तालमेल बैठाकर जीवन व्यतीत करे और ये समझ ले कि जिंदगी समझौते का ही नाम है।

कमाने वाले व्यक्ति का परिवार को छोड़कर चला जाना निश्चित रूप से परिवार की आर्थिक सुरक्षा को कम करता है, परिणामतः ऐसे परिवार जो संभल कर चल रहे होते हैं, संघर्ष करने लगते हैं और जो संघर्ष कर रहे होते हैं वे गंभीर दरिद्रता से घिर जाते हैं। अध्ययन में कुछ परिवार ऐसे थे जिनमें परिवार का दायित्व संभालने वाले के अदृश्य होने के बाद पीछे केवल वृद्ध, महिलाएँ व बच्चे रह गये थे; कोई ऐसा नहीं था जो उनकी सहायता करे, उन्हें आश्रय दे। ऐसे प्रकरणों में परिवार या तो अपने रिश्तेदारों पर आश्रित हो जाते हैं या भीख मांगने को मजबूर होते हैं या जीवन-यापन के लिए कोई अनैतिक साधन अपना लेते हैं। अध्ययन में शामिल कुछ परिवार ऐसे भी थे जिनमें गुमशुदा व्यक्तियों की पत्नियां अपने ही घरों में सास-ससुर की निंदा झेल रही थीं, इनके साथ विधवाओं जैसा व्यवहार किया जा रहा था, जिसके फलस्वरूप वे या तो ससुराल छोड़ चुकी थीं या बदतर स्थिति में रहने के लिए मजबूर थीं।

> आगरा-मुंबई हाईवे से सटे बरई गांव में रहने वाला रामअवतार (30 वर्ष) 10 साल पहले अपना घर छोड़ गया था। रामअवतार के जाने के बाद उसके पिता अयोध्या और भाई ने पनिहार के जंगलों से लेकर शहर की उन जगहों तक तलाश किया जहाँ पर उसके होने की थोड़ी सी भी उम्मीद थी। घर वाले उसके घर छोड़ने के पीछे उसकी पत्नी रूबी (परिवर्तित नाम) से आये दिन होने वाले झगड़े

को मानते हैं। 29 जून 2010 की सुबह रामअवतार काम पर जाने की कहकर निकला और उसके बाद नहीं लौटा। घर वाले कहते हैं कि रूबी हमारे बेटे को अलग करना चाहती थी। रामअवतार के घर से जाने के बाद भी उसके ऊपर कोई असर नहीं हुआ और पुलिस को बगैर बयान दिए अपने मायके रहने चली गई। जबकि मौहल्ले वालों का कहना है कि रामअवतार तो अपनी बीबी-बच्चे से बहुत प्यार करता था लेकिन रूबी के सास-ससुर उसे परेशान करते थे। रामअवतार के जाने के बाद उससे बहुत बुरा बर्ताव करने लगे थे इसलिए वो अपने बच्चे को लेकर पीहर चली गई। तब से न तो रामअवतार का पता चला और न ही उसकी बीबी लौटी।

परिवारों की मनोवैज्ञानिक आवश्यकताएँ

प्रस्तुत अध्ययन में किसी परिजन के लापता होने के फलस्वरूप परिवार के सदस्यों में उत्पन्न कुछ मनोवैज्ञानिक बाधाओं को पहचाना जा सका। चूंकि न तो अध्ययन का पद्धतिशास्त्र और न ही अध्ययनकर्ता उस असामान्य व्यवहार के विश्लेषण की विशेषज्ञता रखते थे, अतः अध्ययन में परिवारों पर पड़ने वाले मनोवैज्ञानिक प्रभावों का सामान्य विश्लेषण कर मनोवैज्ञानिक आवश्यकताओं संबंधी निष्कर्ष निकालने का प्रयास किया गया है।

गुमशुदा व्यक्तियों के परिवारों की भावनाओं की कोई भी सीमा हो सकती है जैसे उदासी, चिंता, अपराधबोध, गुस्सा

तथा उम्मीद। वे उम्मीद की अधिकतम सीमा से लेकर उदासी की न्यूनतम सीमा तक अनुभव कर सकते हैं। अध्ययन में सम्मिलित अदम दस्तयाब व्यक्तियों के परिवारों ने बताया कि जैसे-जैसे समय बीतता जाता है, गुमशुदा के वापस आने की डोर कमजोर पड़ने लगती है लेकिन टूटती नहीं है। गुमशुदा के प्रति लगाव तथा परिवार की जरूरतें परिवार के सदस्यों पर मनोवैज्ञानिक असर डालती हैं और उनके जीवन के प्रत्येक पक्ष यथा जीवन शैली, व्यवसाय, शिक्षा तथा सम्पर्क आदि को प्रभावित करती हैं। जीवन के ये पक्ष एक-दूसरे को भी प्रभावित करते हैं तथा परिवार इन्हें कभी एक ही समय, कभी अलग-अलग समय पर अनुभव करते हैं।

अनौपचारिक चर्चा के दौरान यह तथ्य भी प्रकाश में आया कि जिन परिवारों में गुमशुदा अपने पीछे सम्पत्ति छोड़कर गए थे तथा उससे परिवार की जरूरतें पूरी हो रही थीं उन परिवारों द्वारा गुमशुदा को एक समय तक तो खूब तलाश किया गया बाद में तलाशने के प्रयास वैसे नहीं किए गए जैसे अपेक्षित थे। इसके विपरीत अधिकांश परिवार ऐसे थे जहाँ गुमशुदा से भावनात्मक लगाव परिवार की जरूरतों पर भारी था तथा उदासी उनका स्थिर आधारभूत मनोभाव बन गई थी।

> मुरार में रहने वाली गिरीशा 10 जनवरी 2014 की उस शाम का जिक्र आते ही रो पड़ती हैं, जब 11वीं कक्षा में पढ़ने वाला उनका बेटा अनुभव शाम 4 बजे हेयर कटिंग कराने की कहकर घर से निकला तो था किन्तु लौटा नहीं। अनुभव के पिता नाथूराम ने अनुभव की तलाश दतिया, शिवपुरी, भिंड, मुरैना तक की, इससे आगे उनकी आर्थिक

स्थिति ने नहीं जाने दिया। हालांकि देश के अलग-अलग हिस्सों में रहने वाले जान-पहचान वालों को अनुभव की फोटो जरूर भेज दी ताकि वे भी उसे खोजते रहें। निम्न मध्यमवर्गीय परिवार के नाथूराम बेटे अनुभव की तलाश में 2 लाख रुपया खर्च कर चुके हैं लेकिन बेटे का पता नहीं चला।

8वीं कक्षा तक पढ़ी गिरीशा गृहिणी हैं, ज्यादा दुनियादारी नहीं जानती लेकिन बेटे के लापता होने के बाद उनकी समझ में आ गया कि अपने दुख में बहुत ज्यादा लोग मदद नहीं करते। जब वे घरवालों के साथ मुरार थाने पहुंची तो पुलिस ने कह दिया कि पहले अपने स्तर पर तलाश कर लो जब न मिले तो हमें बताना। पुलिस ने ऐसा व्यवहार किया जैसे मेरा बेटा नहीं सामान चोरी हो गया हो और तब मुझे पता चला कि लोग पुलिस को बुरा क्यों कहते हैं? अनुभव के जाने के दुख ने गिरीशा के स्वास्थ्य पर गहरा असर डाला है। वे अधिकांशतः उदास रहती हैं और बात-बात में रो पड़ती हैं, कहती हैं कि मेरा सब कुछ ले लो लेकिन बेटा लौटा दो। आगे कहती हैं कि पुलिस चाहती तो मेरा बेटा मिल सकता था।

अपराधबोध और गुस्सा को अध्ययन में उपयोगी संवेग नहीं माना गया है क्योंकि परिवारों में गुस्सा एक मनोदशा के रूप में तो बातचीत में दिखा परन्तु उसकी अवधि बहुत कम थी तथा इसका औचित्य गुमशुदा की चिंता थी। चूंकि ज्यादातर लापता होने वालों ने घर छोड़ने के संकेत नहीं छोड़े

थे, इसलिए परिवारों में अपराधबोध जैसा संवेग अनुपस्थित था। हाँ, परिवार के सदस्यों में अत्यधिक चिंता एक स्वाभाविक भावनात्मक अस्थिरता थी जिसके लक्षण उनमें अनिद्रा, रक्तचाप बढ़ना, आंखों की रोशनी कम होना आदि के रूप में परिलक्षित हो रहे थे। चिंता का कारण गुमशुदा के बारे में लगातार सोचते रहना तथा किसी खबर का इंतजार था, विशेषतः बुरी खबर, जो कभी भी आ सकती थी। शत-प्रतिशत महिला उत्तरदाताओं ने परिजन के लापता हो जाने के बाद गंभीर अस्वस्थता की चर्चा की जो संभवतः लगातार चिंता व तनाव का परिणाम थी।

> मुरार की घासमंडी में रहने वाले 80 साल के बुजुर्ग बाबूलाल ने अपने दोनों बेटों को अभावों के बीच पाला, बड़ा किया और रोजगार से लगा दिया। लेकिन जब बुढ़ाती उम्र में बीमार रहने लगे और सोचने लगे कि बेटों के पास इतने संसाधन नहीं हैं कि उनका इलाज करा पाएँ। उन्हें लगा कि उनकी बीमारी उन दोनों के जीवन को प्रभावित कर रही है तो बाबूलाल ने घर ही छोड़ दिया।
>
> बाबूलाल के बड़े बेटे शिवनारायण कहते हैं कि बीमारी ने पिताजी को व्यग्र कर दिया था। 23 अप्रैल 2014 को वे टहलने की कहकर निकले, इसके बाद उनका पता नहीं चला। पुलिस ने और घरवालों ने उन्हें तलाशने के प्रयास भी किए लेकिन उनका कोई सुराग नहीं मिला। वे कहते हैं कि अम्मा गोमती को उम्र के आखिरी पड़ाव पर जीवनसाथी का एकदम छोड़ जाना जीने नहीं दे

> रहा है। सुबह, दोपहर और शाम को उनकी याद में रोना उनकी दिनचर्या हो गई है। उन्हें नींद नहीं आती - हर चार पहिया की गाड़ी - जो भी घर की तरफ आती दिखती है तो उन्हें लगता है कि पुलिस आ रही है - अभी आकर दरवाजा खटखटाएगी और कोई बुरी खबर देगी। अम्मा चिढ़चिढ़ी हो गई हैं और उन्होंने जीना ही छोड़ दिया है।

कई बार कोई खबर न मिलना, अच्छी खबर हो सकती है, क्योंकि खबर मिलने में बुरी खबर मिलने का संशय समय गुजरने के साथ बढ़ता जाता है। उम्मीद प्रायः सकारात्मक दृष्टिकोण दर्शाती है। कुछ गुमशुदा व्यक्तियों के परिवार भी यह विश्वास कर रहे थे कि उनके परिजन एक दिन अवश्य लौटेंगे। क्योंकि उनके परिजन ने जान बूझकर घर नहीं छोड़ा बल्कि मानसिक अस्वस्थता के कारण अनजाने में कहीं चले गए हैं और फिर अपने ठिकाने के बारे में नहीं बता सके हैं या वे किसी अपराध का शिकार हो गए हैं।

> मुरार में रहने वाले मंदबुद्धि भागचंद्र अपने भाई हरीशचंद्र जैन के साथ एक शादी समारोह में शामिल होने गये थे। बैंड बाजों के साथ नाचने का शौक रखने वाले भागचंद्र शादी में कब भटक गए उनके भाई को पता ही नहीं चला। मुरार के बड़ा गांव के नजदीक अपनी मस्ती में घूमते भागचंद्र ऐसे लोगों से टकरा गए जो जानवर और इंसान के बीच अंतर नहीं करते थे। उन लोगों ने भागचंद्र को पेट भर खाना खिलाया और काम पर लगा

> दिया। भागचंद्र सुबह चार बजे से पशुओं का गोबर उठा रहे थे और बेकारी कर रहे थे।
>
> इधर घरवालों ने भागचंद्र को ढूंढ़ने में आसमान सर पर उठा रखा था, वे शहर के हर हिस्से में उन्हें ढूंढ़ रहे थे, तभी एक दूधिए ने सूचना दी कि दस दिन पहले उसने भागचंद्र को बड़ा गांव जाने वाले रास्ते पर बैठे हुए देखा था। भागचंद्र के परिजनों ने उस रास्ते पर मिलने वाले तमाम गांव तलाश डाले और अंततः एक गांव में भागचंद्र मिल गए। दबंगों के उस चंगुल से निकले भागचंद्र सहमे हुए थे और कई दिनों तक घर से बाहर नहीं निकले। भागचंद्र के भतीजे नरेंद्र कहते हैं कि पुलिस ने सिवाय रिपोर्ट लिखने के कुछ नहीं किया। उल्टे थाने पहुंचने पर उनसे ही चाचा के बारे में पूछती थी कि वह मिले या नहीं।

प्रस्तुत अध्याय में गुमशुदगी की घटनाओं को लापता होने वाले व्यक्ति के इरादे की हद के आधार पर तो वर्गीकृत नहीं किया गया (देखें, प्रस्तावना) परन्तु सुविचारित संबंध तोड़कर जाने वालों से लेकर बिना अपनी इच्छा के घर से चले जाने वालों तक को अध्ययन में सम्मिलित किया है। इसमें परिवार के सदस्यों का परिजन के लापता होने का प्रत्यक्षीकरण तथा उनकी मनोसामाजिक तथा भावनात्मक आवश्यकताओं को विश्लेषित किया गया है।

अध्ययन में गृह कलह या असंतोषजनक पारिवारिक परिस्थितियों के फलस्वरूप घर छोड़कर जाने वाले प्रकरण भी सामने आये। घर से चले जाने और फिर तलाश लिए जाने वाले अथवा स्वतः वापस आने वाले वयस्क संतानों

तथा अभिभावकों के विरोधाभासी दृष्टिकोण थे। कुछ पालकों के लिए उनके वयस्क बच्चों का लापता हो जाना उनकी समझ से परे था, जबकि इनके लौटे परिजनों का कथन था कि वे अपने 'मेनिपुलेटिव' माता-पिता के आचरण से तंग थे और विवाहित महिलाएँ अपने पतियों तथा ससुरालीजनों के अत्याचार से बेज़ार थीं।

> एक्स आर्मी मैन रामनारायण (परिवर्तित नाम) का बेटा श्याम (परिवर्तित नाम) पढ़ाई में होशियार, शरीर से स्वस्थ और व्यवहारकुशल था लेकिन अचानक 14 अगस्त 2014 को उसने घर छोड़ दिया। रामनारायण कहते हैं कि वे आर्मी में रहे हैं और हर परिस्थिति का सामना अच्छी तरह से करना जानते हैं लेकिन जब बॉडी बिल्डर बेटे का तीन दिन तक पता नहीं चला तब हिम्मत हार बैठे और बेटे की गुमशुदगी मुरार थाने में दर्ज करा दी।
>
> कुछ दिन बाद मुरार थाने से उन्हें पता चला कि उनके बेटे ने भगत सिंह नगर में रहने वाली एक लड़की से शादी कर ली है। लड़की के परिजन भी उसे तलाश कर रहे थे इसलिए श्याम ने शादी के दस्तावेज महाराजपुरा थाने में भेज दिए हैं। रामनारायण कहते हैं उनका बेटा सुरक्षित है, इस बात की उन्हें खुशी है लेकिन उसने बिना बताए शादी कर ली इस बात का दुःख है। वे कहते हैं कि उन्होंने अपनी इच्छा से शादी करने के लिए बेटे को कभी नहीं रोका था, जबकि घर लौट चुके श्याम का कहना था कि मेरे पिता जैसी बातें करते

> हैं वास्तविक जीवन में वैसे नहीं हैं। उन्होंने इस विवाह को नामंजूर कर दिया था। मुझे उस लड़की (अब धर्मपत्नी) और परिवार में से किसी एक को चुनना था, मैंने जीवनसंगिनी को चुना और अब हम खुश हैं।

उन परिवारों की सर्वाधिक दुर्दशा है जो अपने लापता परिजन की रिपोर्ट लिखवाने में कई कारणों से हिचकिचाते हैं। इन कारणों में बाधा पहुंचाने वाला सर्वाधिक महत्वपूर्ण मुद्दा सामाजिक प्रत्यक्षीकरण है क्योंकि घर से लापता हो जाने के कई प्रकरण वास्तविक रूप से गुमशुदा प्रकरण नहीं होते। इनमें वे सभी प्रकरण शामिल होते हैं जिनमें गरीब, अनपढ़ माता-पिता या संसाधन विहीन परिवार जो अपने बच्चों को किन्हीं कारणों से बेच देते हैं अथवा जहाँ लड़कियों को धोखे से बहला-फुसलाकर ले जाया जाता है, या अच्छे जीवन के लिए वे स्वतः प्रेम में या माता-पिता की सहमति से घर छोड़ देती हैं। इस प्रकार का प्रत्यक्षीकरण ही अभिभावकों को गुमशुदा की रिपोर्ट करने से रोकता है। चाइल्डलाइन इंडिया फाउंडेशन (2007) ने भी अपने अध्ययन में स्पष्ट किया है कि यह कहना अत्यंत कठिन है कि 'कितने गुम होते हैं' और 'कितने वापस आते हैं' क्योंकि अधिकांश प्रकरणों में पंजीबद्ध होने (जो प्रायः नहीं होते) तथा बंद होने के बीच में बड़ी खाई है।

परिवारों की भावनात्मक आवश्यकताएँ

जिन परिवारों का कोई सदस्य लापता है उनके भावनात्मक अनुभव तथा आवश्यकताएँ अत्यधिक व्यापक तथा अपरिभाषित

हो सकती हैं, जिसकी कल्पना उन्होंने पहले कभी न की हो। वे सोचते रहते हैं कि न जाने उनके परिजन कहाँ हैं? वो क्यों चले गए? न जाने किस मुश्किल में होंगे? पता नहीं वे जीवित हैं या नहीं? जाने वो कब वापस लौटेंगे? हमने क्या गलत किया था? हमें उनके वापस लौटने तक कितनी प्रतीक्षा करना पड़ेगी? इस सबके बावजूद गुमशुदा को सशरीर प्राप्त कर लेने की तीव्र इच्छा प्रायः परिवारों के लिए मुख्य अभिप्रेरक होती है जो पुलिस, मीडिया इत्यादि से सम्पर्क करने के लिए उन्हें प्रेरित करती है। जब एक परिवार अपने लापता प्रियजन को नहीं तलाश पाता तब उसे अत्यधिक निराशा का बोध होता है और तब वह प्रियजन को ढूंढ़ने का उत्तरदायित्व मुख्य रूप से पुलिस को सौंप देता है। यद्यपि परिवार के लिये पुलिस पर भरोसा करना कठिन होता है, उसे सदैव संशय रहता है कि पुलिस उसके परिजन को तलाशने के लिए अपना उत्तरदायित्व पूरा करेगी जो उसे करना चाहिए।

अध्ययन में यह पाया गया कि अधिकांश परिवारों का राज्य और उसकी संस्थाओं के प्रति प्रधान दृष्टिकोण अनभिज्ञता का था। वे सरकार तथा इसकी संस्थाओं से किसी प्रकार की सहायता की उम्मीद नहीं कर रहे थे। उनका मानना था कि गुमशुदा प्रकरणों को पुलिस अपराध ही नहीं समझती और जिन प्रकरणों को कम जोखिम वाला मानती है, समय गुजरने के साथ उनमें पुलिस की रुचि कम हो गई थी और उनका यही रवैया परिवार के भावनात्मक दबाव को बढ़ा रहा था।

> माधौगंज की दुर्गा कॉलोनी में रहने वाले शैलेंद्र की माँ राजबाला (55 वर्ष) 28 जुलाई 2014 को घर के बाहर बैठी थीं, अचानक खड़ी हुईं और

कहीं चलीं गईं। घर के बाहर खेल रहे बच्चों को लगा कि दादी पड़ौस में किसी के घर गई होंगीं जैसा वह हमेशा करती थीं लेकिन हिमांशु की दादी इसके बाद लौटी नहीं। शैलेंद्र ने उन सभी धार्मिक जगहों पर माँ की तलाश की जहाँ पर उनके होने की संभावना थी। उनका हर प्रयास विफल रहा। शैलेन्द्र कहते हैं कि पिता राधावल्लभ के 2006 में देहांत के बाद से माँ गुमसुम हो गई थीं, बातें करते-करते गहरे सोच में चली जाती थीं और कभी लगता था कि उनका जीवन से मोह भंग होने लगा है।

माँ को ग्वालियर के अतिरिक्त डबरा, आगरा, मथुरा, वृंदावन, दिल्ली तक ढूंढ़ने में ताऊ सीताचरण ने सहयोग किया और जब नहीं मिली तो थाने में गुमशुदगी की रिपोर्ट दे दी। हवलदार को माँ का फोटो देने के साथ सारा घटनाक्रम बता दिया था परन्तु पुलिस ने घटना को गंभीरता से नहीं लिया और न ही उन्हें तलाश करने में बहुत रुचि दिखाई।

एक तरफ पुलिस गुमशुदा प्रकरणों को प्रायः परंपरागत कार्यों पर अनावश्यक बोझ समझती है वहीं दूसरी तरफ गुमशुदा व्यक्ति के परिजनों के लिए उत्तराधिकार, बच्चों की अभिरक्षा, पेंशन आदि के लिए कोई कारगर वैधानिक ढांचा उपलब्ध नहीं है। अध्ययन में शामिल गुमशुदा व्यक्तियों के ज्यादातर परिवार उन कानूनों से भी अनभिज्ञ थे जो उनके अधिकारों और सहूलियतों के लिए हैं और उन्हें

उन सुविधाओं को प्राप्त करने की प्रशासनिक प्रक्रियाएँ भी पता नहीं थीं। अतः ऐसे कई कानूनी क्षेत्र हैं जहाँ गुमशुदा परिजन की अनिश्चित व उल्लिखित नियति के परिणामस्वरूप परिवार के सदस्य अनेकानेक परेशानियों से दो-चार होते हैं, चाहे वह जमीन जायदाद के मालिकाना हक का मामला हो या बीमा पॉलिसी के भुगतान का जो वास्तविक व्यक्ति ही प्राप्त कर सकता है अन्य नहीं, जब तक कि वास्तविक व्यक्ति मृत घोषित नहीं हो जाता।

> ठेकेदारी करने वाले सुरेन्द्र (परिवर्तित नाम) 22 सितम्बर 2015 को अचानक घर छोड़कर चले गए यहाँ तक कि अपना मोबाइल फोन भी साथ नहीं ले गए। पत्नी समीक्षा (परिवर्तित नाम) कारोबार की परेशानी समझती थीं लेकिन उसे यह अंदाजा नहीं था कि परेशानी इतनी भारी होगी कि पति अपने पीछे दो बेटी-दो बेटों की जिम्मेदारी उस पर छोड़कर चले जाएंगे। बड़ी बेटी डॉक्टर है जबकि अन्य बेटी-बेटे पढ़ाई कर रहे हैं। पिता के चले जाने से इनकी पढ़ाई भी प्रभावित हुई है। समीक्षा और बच्चों ने सुरेन्द्र को हर जगह तलाश किया लेकिन कहीं भी उनका पता नहीं चला। हार कर पुलिस को सूचना दी और सुरेन्द्र अब एक 'गुमशुदा' हैं। एक परिवार के लिए गुमशुदा व्यक्ति की अधिकारिक सूचना देना एक अत्यधिक कठिन और भावनात्मक कदम होता है।
>
> जमापूंजी तलाशने में खर्च हो गई तो एक दिन समीक्षा सुरेन्द्र की बीमा पॉलिसी लेकर भारतीय

> जीवन बीमा निगम के कार्यालय गई और उन्हें पति के घर से लापता हो जाने की सूचना तथा पॉलिसी के भुगतान के लिए लिखित पत्र दिया, मगर बीमा कम्पनी ने इस पत्र का कोई उत्तर नहीं दिया। लम्बे समय इंतजार करने के बाद समीक्षा ने सिविल कोर्ट में मुकदमा दायर कर दिया। बीमा कम्पनी सुरेन्द्र के मृत्यु प्रमाण पत्र की मांग कर रही है। कम्पनी ने न्यायालय को अवगत करा दिया है कि मृत्यु प्रमाण पत्र के अभाव में पॉलिसी का भुगतान संभव नहीं है। समीक्षा कहती हैं कि मैं हक की कानूनी लड़ाई जारी रखूंगी। (और अधिक स्पष्टता के लिए समरूप प्रकरण देखें, अर्पणा पुरोहित का आलेख 'मिसिंग पर्सन्स डैथ डेट इज़ डे कोर्ट डिक्लेयर्स सो' *टाइम्स ऑफ इंडिया,* बॉम्बे, 16 दिसम्बर 2013)

वास्तव में, गुमशुदा प्रकरण परिवारों के लिए वित्तीय तथा कानूनी दोनों दृष्टि से महंगे होते हैं क्योंकि कानूनी मामलों में उन्हें विशेषज्ञों का परामर्श लेना पड़ता है, जिसके फलस्वरूप वित्तीय भार के साथ-साथ परिवारों पर भावनात्मक दबाव भी बढ़ने लगता है। कुछ विशेष प्रकरणों में उलझन की स्थिति तब और अधिक होती है जब कोई व्यक्ति लम्बे समय से लापता हो और ऐसी परिस्थिति में उसका विवाह ही भंग हो जाए।

> मुरार के हुरावली में रहने वाले हरीराम का शादीशुदा बेटा मदन (30 वर्ष) 20 अप्रैल 2011 को शाम घर से निकला फिर लौटा नहीं। हरीराम ने बेटे की तलाश शहर ही नहीं देश के हर हिस्से

में की। उसके हर दोस्त से उसके बारे में पूछा लेकिन कुछ पता नहीं चला। हरीराम ने बहू साधना (परिवर्तित नाम) से भी कई बार पूछा कि आखिर ऐसा क्या हुआ कि मदन अचानक घर छोड़ गया? बहू कुछ नहीं बोलती और मुरार थाने की पुलिस अटकलें लगाती है कि कोई ऐसी बात बताओ जिससे कि तुम्हारे बेटे की घर छोड़ने की वजह और दिशा पता चल सके।

हरीराम कहते हैं कि जाने की तारीख से उसका मोबाइल स्विच्ड ऑफ है। हरीराम अपने जवान इकलौते बेटे की तलाश में लाखों रुपया खर्च कर चुके हैं। कुछ रिश्तेदारों की बात मानकर बाबाओं की शरण में भी गए। हज़ारों रुपए दक्षिणा में ले लिए लेकिन सही बता नहीं पाए। वे यह भी नहीं बता पाए कि वह जिंदा है भी या नहीं। बाबाओं ने पाँच सालों में चारों दिशाओं में मदन का पता बता दिया इससे परेशानी कम होने की बजाय और बढ़ गई।

हरीराम कहते हैं कि मदन के जाने के कुछ दिन बाद बहू साधना भी अपने मायके चली गई। दोनों बच्चों को भी ले गई। पाँच बरस हो गए न मदन घर लौटा और न बहू साधना और बच्चे। हरीराम आँखों में आंसू भरकर कहते हैं न बेटा बचा न बहू के घरवाले बहू को भेजते हैं। हमें तो भगवान ने ठग लिया।

अध्ययन में सम्मिलित परिवार यह स्पष्ट रूप से बताने में झिझक रहे थे कि उनके परिजन सुविचारित लापता हुए हैं, किन्तु परिवारों के सदस्यों के साथ बातचीत के विश्लेषण से यह ज्ञात हुआ कि परिवारों को मालूम था कि उनके परिजन का घर से जाना स्वैच्छिक था अथवा नहीं। ऐसे अधिकतम परिवारों का मानना था कि हो सकता है कि वे अपने घर से अन्यत्र बेहतर जीवन देखते हों। हालांकि यह सब वे अत्यंत क्षोभ के साथ पीछे छूटे सबूतों के आधार पर कह रहे थे। चाहे ट्रक ड्राइवर मनोज कुमार (परिवर्तित नाम) की 15 साल की बेटी मीना कुमारी (परिवर्तित नाम) द्वारा जेल से छूटे अपने प्रेमी धन्नू के साथ दूसरी बार घर छोड़ना हो, चाहे मुरार में रहने वाले बेऔलाद किशोर कुमार की गोद ली बेटी रागिनी (परिवर्तित नाम) का पड़ौसी लड़के के साथ चले जाना हो, चाहे माधौगंज के लक्कड़खाना में रहने वाले अजय (परिवर्तित नाम) की बहन की बेटी रेखा (परिवर्तित नाम) द्वारा घर वालों को सोता छोड़कर प्रेमी के साथ भाग जाना हो, चाहे मोहना कस्बे में रहने वाले मजदूर जरदान की शादीशुदा बेटी सरस्वती (परिवर्तित नाम) का मायके से गायब हो जाना हो, सभी प्रकरणों में घर छोड़ने के संकेत परिजनों को मिले थे।

> श्रद्धा (परिवर्तित नाम) के लिए 30 अक्टूबर 2014 धोखे का दिन था, उस दिन उसकी 12वीं कक्षा में पढ़ने वाली 17 वर्ष की बेटी मीरा (परिवर्तित नाम) कोचिंग पढ़ने गई और फिर घर नहीं लौटी। माँ-पिता ने तलाश किया तो दो बातें सामने आईं—एक तो उनके जनरल स्टोर से घर लाई गई बिक्री की रकम, गहने गायब थे; दूसरा पड़ौस में

> किराए से रहने वाला नवयुवक गायब था, जिसकी मीरा से जान-पहचान थी। घर वालों ने थाने में युवक के खिलाफ अपहरण का मामला दर्ज करवा दिया, पुलिस ने बहुत प्रयास भी किए पर वे दोनों नहीं मिले। श्रद्धा कहती हैं न जाने कब मीरा ने पड़ोसी युवक के साथ जीवन के सपने बुन लिए, पता ही नहीं चला।
>
> परिजन बेटी के व्यवहार से अत्यधिक आहत थे। उनके परिवार ने मीरा के घर से जाने की जिल्लत झेली थी। बाद में उन्होंने पुलिस से जानकारी लेना भी बंद कर दिया और वे नहीं चाहते थे कि कभी उनकी बेटी वापस लौटे।

परिवार के सदस्यों से साक्षात्कार में यह भी स्पष्ट हुआ कि वे परिवार जिनके परिजनों ने लापता होने का कोई सबूत नहीं छोड़ा (जैसा कि पूर्व में भी लिखा गया है), उनमें अपराधबोध तो नहीं था लेकिन गुस्से का भाव एक मनोदशा के रूप में अवश्य था भले ही वे इसे उदासी की तुलना में सामाजिक रूप से कम जरूरी समझ रहे थे। अध्ययन में सम्मिलित ऐसे कुछ प्रकरण उल्लेखनीय हैं जैसे, मुरार में रहने वाले ठेकेदार राजेन्द्र का दो बेटे, दो बेटियों तथा पत्नी को अकेला छोड़कर अल सुबह घर छोड़ देना, यहाँ तक कि अपना मोबाइल भी साथ न ले जाना, हुरावली में रहने वाले हरीराम के बेटे मदन का काम पर जाना और फिर न लौटना, मुरार की भगवती कॉलोनी के रहने वाले योगेश की माँ कमला देवी का बिना बताए अचानक घर के दरवाजे से उठकर कहीं चले जाना और घर वापस न लौटना या पनिहार के गांव नहर का पुरा

के रहने वाले बुजुर्ग विजयराम का अपनी बेटी के लिए वर ढूंढ़ने मुरैना के उमरिया का पुरा जाने के लिए घर से निकलना लेकिन न तो गंतव्य पर पहुंचना और न ही वापस घर लौट कर आना ऐसे प्रकरण हैं जिनमें लापता होने वाले न तो मानसिक रूप से अस्वस्थ थे और न ही अवयस्क। अतः घर से बिना संकेत छोड़े जाने वाले प्रकरणों के लाक्षणिक आधार पर उल्लेखनीय प्रकरण पेशे से टैंपो ड्राइवर हसन खाँ का है जिसकी पत्नी जाहिदा दरवाजे की हर दस्तक को अपने बेटे की आहट समझती है।

> पेशे से टैंपो ड्राइवर, 62 वर्ष के हसन खाँ का पत्नी और चार बेटों का भरा-पूरा परिवार था। अचानक एक शाम इस परिवार की एक कड़ी टूट गई। उनका बेटा असगर (22 वर्ष) 4 जुलाई 2011 को शाम को बिना कुछ बताए, बिना कोई क्लू छोड़े घर से चला गया। सीमित संसाधन वाले हसन खाँ बेटे की तलाश में कभी उम्मीद-कभी नाउम्मीद हुए। 5 दिन बाद बेटे की मोटर साइकिल स्टेशन की पार्किंग में खड़ी मिल गई। पुलिस ने कॉल डिटेल भी निकलवाई, उससे जाँच आगे नहीं बढ़ सकी और फिर पुलिस ने कह दिया कि तलाश करते रहो, बेटा मिल जाएगा। मायूसी का आलम ये है कि अब अपने टैंपो में बैठने वाली हर सवारी में हसन खाँ अपने बेटे की तलाश करते हैं।

गुमशुदा व्यक्ति के संबंध में परिवार के सदस्यों का गुस्सा या उदासी एक स्वाभाविक प्रतिक्रिया थी। यह गुस्सा परिवार के अन्य सदस्यों के साथ-साथ उस गुमशुदा के लिए भी था

जिसने परिवार को इस भयावह परिस्थिति में धकेल दिया और यह भी नहीं बताया कि उसका बिना बताए घर से जाने का कारण क्या था? परिवार के अन्य सदस्यों में गुस्से का कारण गुमशुदा के व्यवहार का पूर्व अनुमान न लगा पाना था। अतः महत्वपूर्ण मत यह है कि परिवार के सदस्यों में गुस्से के कारण गुमशुदा के सुविचारित जाने या न जाने से था। उन परिवारों के लिए जो यह विश्वास करते थे कि गुमशुदा अपनी इच्छा से घर छोड़कर गया है, उनमें गुस्सा अधिक था। वे बिना बताए घर से जाने को अपना तिरस्कार मान रहे थे, इसलिए उनके गुस्से में स्थिर भाव के साथ निराशा और अस्वीकृति की भावना शामिल थी, जबकि उन परिवारों के सदस्यों के लिए जो यह विश्वास करते थे कि गुमशुदा अपनी मर्जी से नहीं गया, उनमें गुस्सा न के बराबर था तथा वह मायूसी जैसे मनोभाव के सामने नगण्य था। घर से लापता होने वाले परिजन के प्रकरणों में ये गुस्सा, ये निराशा, ये अस्वीकृति, ये मायूसी, ये समस्त भावनात्मक अनुभव कभी कम नहीं होते। उसका कारण लापता की वापसी के संबंध में असमंजस की स्थिति होती है जो गुजरते समय के साथ और गाढ़ी होती जाती है।

पूरे परिवार के साथ समूह के रूप में एक साथ बातचीत में कुछ उत्तरदाताओं ने व्यक्तिगत अनुभवों तथा अपने परस्पर संबंधों के बारे में भी विस्तार से बताया। उन्होंने स्वजन के लापता होने से परिवार पर समग्रता में तथा परिवार के सदस्यों के आपसी संबंधों पर पड़ने वाले प्रभावों की विस्तृत चर्चा की। परिवार के सदस्यों की संख्या की दृष्टि से तथा परिवार की संरचना की दृष्टि से भिन्न परिवारों के उत्तरदाताओं ने परिजन के लापता होने से पहले और बाद में परिवार के सदस्यों की निकटता का विस्तार से

वर्णन किया। यद्यपि कुछ परिवारों में परिजन के लापता होने का परिवार के सदस्यों पर कतिपय बुरा असर हुआ था पर ऐसे प्रभाव का कारण परिवार के सदस्यों की संख्या अथवा परिवार की संरचना से नहीं था बल्कि वे परिवार के सदस्यों की व्यक्तिगत भावनात्मक प्रतिक्रियाएँ थीं। वस्तुतः उन लोगों में आपसी सहमति-असहमति गुमशुदा के जीवित होने या न होने को लेकर थी, और कुछ नहीं।

> बांदा, उत्तरप्रदेश से रोजी-रोटी की जुगाड़ में आये पप्पू और शाहीन मेला रोड पर सड़क किनारे गमले बनाते-बेचते थे। 10 अप्रैल 2014 की शाम थी, उस दिन शहर में कोई वी.वी.आई.पी. आया था। दिन भर पुलिस सतर्क थी। शाम को आगंतुक के वापस जाने के बाद थकी-हारी पुलिस सुस्त हुई, तभी लगभग छह बजे सड़क किनारे बैठकर अपने 6 महीने के दुधमुंहे एहसान को खिला रही शाहीन के हाथों से उसके बच्चे को दो बाइक सवार युवक छीन ले गए। वह शोर मचाती हुई पीछे दौड़ी भी लेकिन फिर बेसुध होकर सड़क पर गिर पड़ी। पप्पू कुछ समझ पाता तब तक बाइक सवार रेसकोर्स रोड पर आँखों से ओझल हो गए। फिरौती का कोई फोन नहीं आया इसलिए जाँच आगे नहीं बढ़ी। पुलिस अपहरणकर्ताओं को तलाशने बांदा तक गई, लेकिन कोई सफलता नहीं मिली। शाहीन को तो अल्लाह पर भरोसा है कि उसका लाल जरूर मिल जाएगा। लेकिन पप्पू को बच्चे के जीवित होने पर अब भरोसा नहीं है। इस

> संशय की वजह से वे कहते हैं कि उनके आपसी रिश्ते में भी खिंचाव आ गया था जिसे वे समय के साथ खत्म करना चाहते हैं।

परिवारों की भावनात्मक आवश्यकताओं का एक महत्वपूर्ण पक्ष परिजन के गुमशुदा होने की जानकारी अन्य लोगों को देना या नहीं देना है। अन्य लोगों में उनके विस्तारित परिवार के सदस्य, मित्र, करीबी संबंधी तथा पड़ोसी होते हैं। इन लोगों से प्राप्त प्रतिक्रियाएँ अपेक्षित, डरावनी अथवा वास्तविक जैसी भी होती हैं, परिवारों की भावनात्मक जरूरतों को सीधे-सीधे प्रभावित करती हैं। उत्तरदाताओं ने बताया कि अधिकांश लोगों के लिए गुमशुदा की सूचना हैरान कर देने वाली थी, जबकि कुछ लोगों को समझ नहीं आ रहा था कि वे क्या करें? इस प्रकार, परिजन की गुमशुदगी की सूचना देने पर अन्य लोगों से मिश्रित प्रतिक्रियाएँ प्राप्त हुईं जिनमें अधिकांश आशावादी, गुमशुदा को ढूंढ़ने में सहयोग देने वाली, सकारात्मक रहने के लिए प्रोत्साहित करने वाली थीं, वहीं कुछ लोगों की प्रतिक्रियाएँ डरावनी, आशंकित करने वाली तथा निराशावादी थीं।

निराशावादी प्रतिक्रियाओं के डर से मित्रों, करीबी संबंधियों तथा पड़ोसियों को गुमशुदा की ज़ानकारी न बताना परिवार के सदस्यों की चिंताओं से जुड़ी समस्या थी, जो कई बार परिवार के सदस्य स्वयं बुन लेते हैं तथा कई बार गुमशुदा की छवि तथा प्रतिष्ठा को बचाए रखने के डर से उत्पन्न होती है। अध्ययन में डरावनी प्रतिक्रियाएँ इस विश्वास के साथ जुड़ी थीं कि गुमशुदा ने जान-बूझकर घर छोड़ा है और वे यह बात जान-पहचान वालों को बताने में जोखिम अनुभव कर रहे

थे जबकि ऐसे परिवार जो यह विश्वास करते थे कि उनका परिजन जान बूझकर घर से नहीं गया है, वे गुमशुदगी की घटना को अधिक से अधिक प्रसारित करने में नहीं डर रहे थे।

निष्कर्षतः यह कहा जा सकता है कि गुमशुदा व्यक्तियों के परिवारों की आवश्यकताएँ सामाजिक व सामुदायिक अधिक होती हैं; उन्हें वित्तीय, मनोवैज्ञानिक तथा भावनात्मक स्तर पर सतत संघर्षरत रहना पड़ता है, वे न्याय तथा क्षतिपूर्ति की बात अपेक्षाकृत कम करते हैं तथा कानून प्रवर्तन अभिकरणों से अपनी आवश्यकताओं की पूर्ति के लिए कोई अपेक्षा नहीं रखते हैं।

5

अध्ययन के निष्कर्ष एवं सुझाव

> "सबसे पहले तो पुलिस ये बताये कि क्या वो हमारे पति को ढूंढ कर ला सकती है, और यदि वो ऐसा करने में अक्षम है तो कम से कम इतना तो बता सकती है कि क्या उसे किसी ने मार डाला? यदि ऐसा है तो पुलिस ये बताये कि उसे किसने और क्यों मारा?"
>
> (एक गुमशुदा की पत्नी)

सामान्यतः कुछ विशिष्ट घटनाओं के संदर्भ में ही गुमशुदा व्यक्तियों के विषय को सार्वजनिक वार्तालाप में उठाया जाता है। कभी-कभी यह प्रश्न भी उठते हैं कि क्या सभी पंजीबद्ध गुमशुदा अंततः ढूंढ़ लिए जाते हैं और उनकी तलाश में पुलिस की भूमिका कितनी प्रभावकारी रहती है? गुमशुदा व्यक्तियों के परिवारों का उनके जाने के बाद क्या होता है तथा उनके सगे-संबंधियों का जीवन कैसा होता है? सापेक्षिक रूप से गुमशुदा व्यक्तियों की वास्तविकता एक घटना के रूप में केवल कुछ हाई-प्रोफाइल प्रकरणों तक सीमित नहीं होती जो समय-समय पर अखबारों की सुर्खियां बनते हैं या प्रचार के अन्य माध्यमों में चर्चित होते हैं, बल्कि उन हज़ारों-हज़ार

व्यक्तियों में होती है जो किसी भी कारण से प्रत्येक वर्ष गुम हो रहे हैं। इन लापता व्यक्तियों में से कुछ ऐसे भी होते हैं जो कभी नहीं मिलते अथवा दुर्घटना के शिकार हो जाते हैं और कुछ ऐसे जिनकी गुमशुदगी पंजीबद्ध नहीं की जाती या जिनकी तलाश नहीं की जाती।

यह विस्मय और चिंता दोनों का विषय है कि भारत वर्ष में पुलिस ने अन्य आपराधिक प्रकरणों को सुलझाने के लिए एक सिस्टम बनाया है, हर तरह की वारदात के लिए अलग तरह के मुखबिर तथा उनका एक तंत्र विकसित किया है, लेकिन गुमशुदा को तलाशने के लिए न तो मुखबिर तंत्र है, न प्रशिक्षित पुलिसकर्मी हैं और न ही दो थानों, दो जिलों या दो प्रदेशों के बीच ऐसा सामंजस्य होता है जो ऐसे मामलों की गंभीरता को देखते हुए आवश्यक है। हालांकि पिछले लगभग डेढ़ दशक में गुमशुदा को तलाशने के प्रयास और उनकी मॉनीटरिंग बढ़ी है, लेकिन यह कोशिश नाबालिग गुमशुदा के संबंध में ही दिखाई देती है, वयस्क गुमशुदा के बारे में प्रयास अब भी गंभीर नहीं हैं एवं गुमशुदा व्यक्तियों के परिवारों के बारे में तो बिल्कुल नहीं।

अत्यंत खेद का विषय है कि आज भी भारत में गुमशुदा व्यक्तियों संबंधी प्रामाणिक तथ्य उपलब्ध नहीं हैं। हालांकि स्थानीय पुलिस इस संबंध में अपने स्तर पर तथ्य जुटाती है किन्तु राष्ट्रीय स्तर पर इसका मिलान नहीं किया जाता और वे खण्डित तस्वीर प्रस्तुत करते हैं। पुलिस द्वारा एकत्र आंकड़े गुमशुदा व्यक्तियों की परिशुद्ध संख्या इसलिए भी प्रस्तुत नहीं करते क्योंकि अधिकांश प्रकरणों में पंजीबद्ध होने (जो प्रायः नहीं होते) तथा प्रकरण बंद होने के बीच बड़ी खाई है।

इस अध्याय में मध्यप्रदेश के ग्वालियर जिले के 37 पुलिस थानों में वर्ष 2007 से 2015 तक पंजीबद्ध समस्त गुमशुदा व्यक्तियों (जिनमें दस्तयाब तथा अदम दस्तयाब दोनों प्रकार के प्रकरण सम्मिलित हैं) के परिवारों में अभावबोध और उनकी आवश्यकताओं पर किए गए अनुभवाश्रित अध्ययन के निष्कर्षों तथा पुलिस प्रतिक्रिया एवं उसमें सुधार के सुझावों को सम्मिलित किया गया है। यह अध्ययन इस प्रत्यय पर आधारित है कि समस्या पीड़ित परिवार से बेहतर और कोई नहीं जानता। अतः अध्ययन हेतु शोध प्रक्रिया के निर्धारण में पीड़ित परिवार को केन्द्र में रखकर उसके मुखिया, घटना के अनुसंधान में संलग्न पुलिसकर्मी–अधिकारी तथा गैर-सरकारी संगठनों से जुड़े लोगों को सम्मिलित किया गया है। सांस्कृतिक परिवेश में 'परिवार' में परिवार के सदस्य एवं 'सम्बंधियों' में निकट मित्र तथा सगे-संबंधी शामिल हैं।

अध्ययन विषय को गहनता से समझने के लिए उन विधियों को उपयोग में लाया गया है जिनके प्रयोग से संकलित तथ्यों का अनुकूलतम उपयोग किया जा सके। अध्ययन में वांछित विश्वसनीयता तथा वैधता बनाए रखने के लिए त्रिकोणमितीय अध्ययन विधियों (अर्द्ध संरचनात्मक साक्षात्कार, पूरे परिवार के साथ एक समूह के रूप में बातचीत तथा अर्द्ध सहभागी अवलोकन) के साथ गणनात्मक–गुणात्मक अध्ययन संयोजन प्रस्तुत किया गया है। गुमशुदा व्यक्तियों के संपूर्ण विस्तार (बच्चों से लेकर वृद्ध जनों तक) पर केंद्रित इस अध्ययन के लिए 141 गुमशुदा व्यक्तियों के परिवार उपयुक्त पाए गए। खोये–पाये गुमशुदा और उनके परिवारों पर किए गए इस अध्ययन में गुणात्मक तथ्यों को हितधारकों

से विस्तृत चर्चा के उपरांत विकसित किया गया तथा श्रमसाध्य साक्षात्कारों के माध्यम से एकत्रित किया गया। इनमें 34 ऐसे परिवारों के मुखिया, निकट मित्र या संबंधी चयनित किए गए, जो 'गुमशुदा' के प्रकरण से आरंभ से जुड़े थे और जिन्हें प्रकरण के समस्त पहलुओं की जानकारी थी/है।

इस अध्ययन में 'गुम होने को' संबंध विच्छेद के रूप में परिभाषित किया गया है। चाहे यह परिभाषा गुमशुदा व्यक्ति द्वारा की गई हो या किसी अन्य के द्वारा, चाहे गुम होना सुविचारित हो या फिर बिना सोचे-समझे। अध्ययन में 'गुमशुदा व्यक्ति' उसे माना गया है जो बिना किसी बाध्यकारी वैधानिक आदेश के दूसरों की उचित प्रत्याशा तथा/अथवा उनके प्रति उत्तदायित्वों से मुँह मोड़कर, अपहरण, परिवर्तित मनोदशा अथवा स्वैच्छिक निर्णय के फलस्वरूप अपने घर से लापता है तथा जिसकी कोई जानकारी परिवार और पुलिस के पास नहीं है और यदि जानकारी है तो वह अवैधानिक निरोध में है।

प्रस्तुत अध्ययन में स्तरीकृत दैव निदर्शन विधि से तय किए गए गुमशुदा व्यक्तियों के परिवारों की आवश्यकताओं का विश्लेषण प्रचलित अधिकार आधारित परिप्रेक्ष्य के विपरीत है क्योंकि अधिकार वह अवधारणा है जिसकी मांग की जाती है, जबकि इस अध्ययन में गुमशुदा व्यक्तियों के परिवार अधिकार की भाषा का प्रयोग नहीं करते बल्कि उन अनुभवों, आवश्कताओं तथा चुनौतियों की चर्चा करते हैं जो उनके समक्ष प्रतिदिन उपस्थित होती हैं।

गुमशुदा व्यक्तियों के परिवारों पर किए गए अध्ययनों के अभाव की प्रतिपूर्ति तथा परिवारों की आवश्यकताओं एवं उनके व्यवस्थापन हेतु उचित नीति निर्धारण का मार्ग प्रशस्त करने

के लिए किये गये इस अध्ययन में परिवार के मुखियाओं तथा पुलिस अधिकारियों से वृहद परामर्श के उपरांत विषयगत विश्लेषण का उपयोग किया गया ताकि विभिन्न आयु, लिंग तथा परिस्थिति विशेष के मध्य सहसंबंध का गुणात्मक विश्लेषण किया जा सके तथा अंतिम परिणामों को रेखांकित किया जा सके। प्रस्तुत अध्ययन के गणनात्मक विश्लेषण के निष्कर्ष निम्नानुसार हैं:

1. अध्ययन में शामिल किए गए कुल 141 परिवारों के मुखियाओं में से 23.40 प्रतिशत उत्तरदाता अशिक्षित एवं 04.95 प्रतिशत उत्तरदाता शिक्षित थे (यहाँ शिक्षित का आशय उन व्यक्तियों से था जो केवल अखबार पढ़ सकते थे तथा हस्ताक्षर कर सकते थे)। प्राथमिक स्तर उत्तीर्ण उत्तरदाताओं की संख्या 16.31 प्रतिशत, माध्यमिक 12.76 प्रतिशत, जबकि 21.27 प्रतिशत हाईस्कूल/हायर सैकंडरी उत्तीर्ण थे। महाविद्यालय स्तर पर स्नातक उपाधि प्राप्त उत्तरदाताओं की संख्या 14.89 प्रतिशत थी। अध्ययन में शामिल केवल एक महिला उत्तरदाता प्रबंधन में स्नातकोत्तर थी एवं एक पुरुष उत्तरदाता आई.टी.आई. प्रशिक्षित था। अध्ययन में शामिल लापता व्यक्तियों के परिवारों के मुखियाओं में 45.00 प्रतिशत मुखिया अशिक्षित तथा प्राथगिक स्तर तक शिक्षित थे। इस अध्ययन में यह भी सामने आया कि जिन परिवारों में शैक्षणिक स्तर निम्न या निम्नतर था उन परिवारों का सामाजिक-आर्थिक स्तर भी तुलनात्मक रूप से निम्न था। ऐसे परिवारों में आर्थिक अस्थिरता और शैक्षणिक पिछड़ापन गुमशुदगी हेतु प्रेरक कारणों में महत्वपूर्ण

भूमिका निभा रहे थे, जबकि उच्च शिक्षित वर्ग में आर्थिक स्तर संतोषजनक पाया गया और गुमशुदगी के प्रेरक कारणों में आर्थिक अस्थिरता की तुलना में पारिवारिक अस्थिरता या असंतुष्टता मुख्य प्रेरक थी।

2. सर्वेक्षित गुमशुदा परिवारों के व्यवसाय और आर्थिक स्थिति से पता चला कि पुरुष मुखियाओं में से 53 मजदूरी, 12 कारीगर/ड्राइवर/कुक, 20 प्राइवेट नौकरी, 13 स्वयं का व्यवसाय, 3 निम्नश्रेणी शासकीय सेवक, 2 कृषि कार्य कर रहे थे जबकि केवल 1 उत्तरदाता उच्च श्रेणी की शासकीय सेवा में था। 4 उत्तरदाता सेवानिवृत्त निम्न श्रेणी कर्मचारी थे। कुल 33 परिवारों की महिला मुखियाओं में से 10 महिलाएँ अपने परिवारों का भरण- पोषण मजदूरी करके, 11 महिलाएँ प्राइवेट नौकरी करके या लघु व्यवसाय से कर रही थीं; जबकि 3 महिलाएँ दूसरे घरों में रसोइया का कार्य कर रही थीं। 5 स्वयं का व्यवसाय कर रही थीं तथा अध्ययन में सम्मिलित केवल 4 महिलाएँ गृहिणी थीं और दूसरों पर आश्रित थीं। निष्कर्षतः यह कहा जा सकता है ज्यादातर गुमशुदा परिवारों की आर्थिक असुरक्षा या रोजगार के उच्च विकल्पों की तलाश में लापता हुए फलतः गुमशुदा के पीछे छूटे उनके परिवार आर्थिक रूप से और ज्यादा असुरक्षित हो गए थे।

3. गुमशुदा और मुखिया के रिश्तों के विश्लेषण में यह सामने आया कि गुमशुदा को तलाश करने या जीवन-यापन में उसके प्रयासों की क्षतिपूर्ति करने की जिम्मेदारी सापेक्षिक रूप से पिता के कंधों पर ज्यादा थी। अध्ययन में शामिल 141 परिवारों के मुखियाओं में सर्वाधिक 47.52 प्रतिशत

पिता, 13.48 प्रतिशत पुत्र, 12.77 प्रतिशत पत्नियाँ, 10.64 प्रतिशत पति एवं 07.09 प्रतिशत माँ थीं। जबकि गुमशुदा के संबंध में पुलिस में प्रकरण पंजीबद्ध कराने वाले या गुमशुदा के संबंध में विस्तृत जानकारी रखने वाले उत्तरदाताओं में केवल 00.71 प्रतिशत बहन, 01.41 प्रतिशत ससुर या फूफा, चाचा (अन्य संबंधी) तथा 02.84 प्रतिशत पुत्रियां थीं।

अतः यह कहा जा सकता है कि जिन परिवारों में मुखिया माँ, पत्नी, बहन या पुत्री थे उनमें से अधिकतर के कंधों पर परिवार के पालन-पोषण का भार आ गया था और संबंधित परिवारों की आर्थिक सुरक्षा कम हो गई थी।

4. गुमशुदा की उम्र और लिंग आधारित विश्लेषण में पाया गया कि गुमशुदा पुरुषों की तुलना में गुमशुदा महिलाएँ ज्यादा संख्या में वापस लौटी या उन्हें तलाश कर लिया गया। गुमशुदा व्यक्तियों के वर्गीकरण से स्पष्ट है कि 0-5 वर्ष आयु वर्ग का 01 गुमशुदा साक्षात्कार के दिनांक तक वापस घर नहीं लौट सका था, 5-14 वर्ष आयु समूह में कुल 04 गुमशुदा में से 01 स्वयं की इच्छा से ही घर लौट आया जबकि 03 वापस घर नहीं लौट सके, 14-18 वर्ष आयु समूह में 06 को ढूंढ लिया गया जबकि 08 को नहीं तलाश किया जा सका, 18-25 वर्ष आयु समूह में कुल 12 गुमशुदा में से 06 वापस लौटे और 12 वापस नहीं आये, 25-40 आयु समूह में कुल 28 में से केवल 03 गुमशुदा स्वयं वापस लौटे जबकि 25 वापस घर लौटकर नहीं आये, 40-60 वर्ष आयु समूह

में 09 गुमशुदा पुरुषों में से 02 घर वापस आये जबकि 07 साक्षात्कार के दिनांक तक वापस नहीं लौटे अथवा जिन्हें पुलिस नहीं ढूंढ़ सकी थी।

अध्ययन में शामिल कुल 63 गुमशुदा महिलाओं में से, 5–14 वर्ष आयु समूह की 06 महिलाओं में से कोई लड़की वापस नहीं लौटी, 14–18 वर्ष की महिलाओं में से केवल 03 वापस लौटीं जबकि 10 लापता थीं। 18–25 वर्ष की महिलाओं में से 16 घर लौट आईं जबकि 5 का पता नहीं चला। 25–40 आयु वर्ग की महिलाओं में 18 में से 11 वापस लौट आईं जबकि 7 लापता थीं, जबकि 40–60 वर्ष की गुमशुदा 05 महिलाओं में से कोई वापस अपने घर नहीं लौटी।

गुमशुदा प्रकरणों में पुलिस के सामने सबसे कठिन समस्या उन प्रकरणों को पहचानने की होती है, जिनमें गहन तथा अविलंब प्रतिक्रिया की आवश्यकता होती है। अपराध की दृष्टि से गुमशुदा बच्चे (18 एवं उससे कम आयु के) और महिलाऐं अधिक चिंता का विषय होते हैं। प्रस्तुत अध्ययन में भी 18 वर्ष से कम आयु के वापस न लौटने वाले 38 बच्चे थे। न लौटने वाले 18–25 वर्ष तथा 25–40 आयु वर्ग के युवकों तथा युवतियों में अधिकांश अच्छे रोजगार की तलाश में, या प्रेम प्रसंग के वशीभूत वापस नहीं लौटे। युवतियों के वापस न लौटने के कारणों में प्रेम विवाह कर लेना या गृह कलह प्रमुख कारण थे।

5. गुमशुदा व्यक्तियों का परिवारों की संरचना के आधार पर किए गए विश्लेषण में पाया गया कि 57.70 प्रतिशत गुमशुदा पुरुष संयुक्त परिवारों से लापता हुए तथा

42.30 प्रतिशत एकाकी परिवारों से; जबकि 23.80 प्रतिशत गुमशुदा महिलाएँ संयुक्त परिवारों से तथा 76.20 प्रतिशत महिलाएँ एकाकी परिवारों से गुम हुईं। अध्ययन के लिए उपयुक्त पाए गए 141 परिवारों में से कुल 42.55 प्रतिशत व्यक्ति संयुक्त परिवारों से गुम हुए जबकि एकाकी परिवारों से लापता होने वालों की संख्या 57.45 प्रतिशत थी।

सारांशतः यह कहा जा सकता है कि संयुक्त परिवारों में परिवार के सदस्यों के बीच जुड़ाव एकाकी परिवारों की तुलना में ज्यादा होता है तथा सुरक्षा (आर्थिक-सामाजिक) की भावना भी अपेक्षाकृत ज्यादा होती है। संभवतः इसी वजह से संयुक्त परिवारों को छोड़कर चले जाने वालों की संख्या अपेक्षाकृत कम पायी गयी।

6. धर्म को एक संस्था के रूप में भारतीय समाज का आंतरिक भाग माना गया है या यह कहा जा सकता है कि धर्म एक विश्वासों का समुच्चय प्रदान करता है जो एक सीमा तक मानव व्यवहार को नियमित, नियंत्रित तथा निर्देशित करता है।

अध्ययन हेतु चयनित 141 परिवारों में से सर्वाधिक 78.01 प्रतिशत हिंदू, 09.93 प्रतिशत मुस्लिम, 09.23 प्रतिशत अनुसूचित जनजाति तथा 02.83 प्रतिशत जैन तथा पंजाबी थे। अध्ययन में अनुसूचित जनजाति को धर्म के साथ वर्गीकृत करने का कारण उनका पृथक् धर्म है। आश्चर्यजनक रूप से अध्ययन हेतु चयनित परिवारों में कोई सिख या इसाई धर्म का अनुयायी नहीं था।

7. धर्म के साथ-साथ जाति व्यवस्था भी भारतीय सामाजिक संरचना की मुख्य विशेषता है। यह सर्वविदित है कि भारतीय समाज में एक व्यक्ति की प्रस्थिति का निर्धारण उसकी जाति से होता है। वर्ग व्यवस्था की अपेक्षा जाति व्यवस्था के अंतर्गत श्रेणीबद्ध समूहों की संख्या अधिक है।

   अध्ययन हेतु चयनित हिंदू गुमशुदा व्यक्तियों के परिवारों में चौंकाने वाला तथ्य यह था कि लगभग 70.00 प्रतिशत गुमशुदा अनुसूचित जाति तथा पिछड़ा वर्ग से थे। जबकि क्षत्रिय, ब्राह्मण, वैश्य की संख्या क्रमशः 12.00, 10.00 और 09.00 प्रतिशत थी। अतः अनुसूचित जाति और पिछड़ा वर्ग के गुमशुदा व्यक्तियों के परिवारों का शैक्षणिक तथा आर्थिक रूप से पिछड़ापन ही इनकी अधिक संख्या का कारण माना जा सकता है।

8. गुमशुदा की व्यावसायिक स्थिति के वर्गीकरण में सामने आया कि 78 गुमशुदा पुरुषों में से 15 छात्र, 09 बेरोजगार, 03 पढ़ाई छोड़कर घर बैठे, 12 स्वयं का व्यवसाय, 10 अशासकीय नौकरी, 14 मजदूरी करने वाले एवं 03 छोटे-मोटे कारीगर थे। इस वर्गीकरण में 01 मानसिक रोगी और 01 अबोध बच्चा शामिल था। गुमशुदा महिलाओं में से घर छोड़ने वाली महिलाओं में 25 विभिन्न स्तर की पढ़ाई कर रही थीं, 03-03 ड्रापआउट और बेरोजगार थीं, 10 गृहकार्य, 14 ब्यूटीपार्लर तथा स्कूल में अध्यापन जैसी अशासकीय सेवा में थीं, जबकि 05 मजदूरी कर रही थीं। 02 मानसिक रोगी महिलाओं ने घर छोड़ा था, जबकि 01 महिला का घर छोड़ने का कारण एक धार्मिक आश्रम से विशेष लगाव था।

अतः यह कहा जा सकता है कि घर छोड़कर जाने के कारण स्थिर न होकर विविध होते हैं, जो किसी समय विशेष पर व्यक्ति को नकारात्मक रूप से प्रभावित करते हैं। गुमशुदा पुरुषों की व्यावसायिक स्थिति के अध्ययन में यह भी सामने आया है कि जिन पुरुषों का व्यवसाय अस्थिर प्रकृति का था उनमें से कुछ व्यवसाय तथा जीवन में स्थिरता प्राप्त करने के लिए घर से दूर चले गए थे।

9. साक्षात्कार के समय मुखिया की प्रतिक्रिया के आधार पर गुम होने के कारणों का भी अध्ययन किया गया। इनमें व्यक्तियों के गुम होने के विविध कारण सामने आए, जिनमें भग्न परिवार तथा सामाजिक संबंधों का कमजोर होना, व्यक्तिगत कारण, संस्थागत कमियां, आदि उन परिस्थितियों की पहचान हुई जो किसी व्यक्ति के गुम होने में प्रेरक का काम करती हैं। अध्ययन में यह भी सामने आया कि कुछ लोगों ने सोच-विचारकर पूरी तैयारी से, कुछ लोगों ने समस्याओं का सामना न कर पाने की वजह से घर छोड़ दिया। ज्यादातर पुरुषों ने सुविचारित ढंग से घर छोड़ा वहीं महिलाएँ प्रेम-प्रसंग तथा गृह क्लेश की वजह से घर से गईं, जबकि अनजाने में या जबरन ले जाए जाने वाले प्रकरण अपेक्षाकृत कम थे।

10. अध्ययन में पुलिस द्वारा गुमशुदा की तलाश में किए जाने वाले प्रयासों के साथ-साथ यह भी जाना गया कि परिवार वालों ने तलाश के लिए क्या-क्या प्रयास किए? ज्यादातर प्रकरणों में यह तथ्य सामने आया कि गुमशुदा की तलाश

सामाजिक व सांस्कृतिक उपेक्षा के कारण, आर्थिक रूप से कमजोर होने के कारण और शैक्षणिक पिछड़ेपन के कारण उस स्तर तक नहीं की जा सकी जो गुमशुदा के लौटने के लिए आवश्यक थी।

11. प्रस्तुत अध्ययन में गुमशुदा के घर लौटने के बाद उसका परिवार, नातेदारों तथा समाज में स्वीकार्यता की स्थिति को भी परखा गया। इसमें यह तथ्य सामने आया कि घर लौटने के बाद गुमशुदा पुरुष तो स्वीकार्य थे लेकिन अध्ययन के लिए चयनित की गई 30 महिलाओं में से लगभग एक तिहाई महिलाएँ ही स्वीकार्य थीं; जिनमें कम आयु की लड़कियों की स्वीकृति न के बराबर थी, जबकि 11 महिलाएँ परिवार में क़तई स्वीकार्य नहीं थीं। भारतीय समाज में यह माना जाता है कि स्त्री से घर की मान-प्रतिष्ठा जुड़ी होती है तथा परिवार की स्त्री का अपनी इच्छा से परिवार को बिना बताए घर छोड़कर चला जाना परिवार की प्रतिष्ठा के प्रतिकूल है अतः अध्ययन में शामिल वयस्क महिलाओं की स्वीकार्यता न्यूनतम थी।

परिजनों के घर-परिवार से लापता होने के कारण विविध एवं परिस्थितियां प्रायः जटिल होती हैं। अध्ययन से स्पष्ट था कि अधिकांश गुमशुदा पुरुषों एवं महिलाओं ने सोच-समझ कर घर छोड़ा था, जिसका मूल कारण परिवार के अन्दर संबंधों का बिखराव तथा समस्याओं से पलायन था। कुछ प्रकरणों में विवाह बंधन का टूटना घर से चले जाने का कारण था जिसकी उम्मीद भी थी कि अध्ययन में ऐसे प्रकरण उपस्थिति हो सकते हैं, क्योंकि भारतीय परिवारों में यह एक सामान्य

घटना है तथा भारतीय समाज में यह सामाजिक स्वीकृति है कि विवाह बंधन से कोई एक सदस्य संबंध तोड़कर जा सकता है। परन्तु जहाँ ऐसा संबंध विच्छेद गुमशुदा होने के लिए किया गया था, वहाँ पीछे छूटा साथी किंकर्तव्यविमूढ़ था। एक पत्नी ने सर्वेक्षण के दौरान बताया कि उसने ऐसी कल्पना भी नहीं की थी कि उसका जीवनसाथी बिना वाजिब कारण के उसे छोड़कर लापता हो जाएगा।

कुछ माता-पिता अपने जवान बच्चों को कोस रहे थे कि ये दिन देखने के लिए हमने इन्हें पैदा ही क्यों किया, कुछ अभिभावक पता लग जाने के बाद भी अपने बच्चों से मिलना नहीं चाहते थे; कुछ ने नए सिरे से जीवन शुरू किया था तो कुछ अपने पूर्व के अनुभवों को भूल नहीं पा रहे थे। कुछ युवाओं के साथ उनके माता-पिता/अभिभावकों का विरोध था जो कुछ सीखना या करना तो नहीं चाहते थे परन्तु माता-पिता से स्वायत्तता की अपेक्षा करते थे। अतः यह कहा जा सकता है ऐसे संबंध विच्छेद में परिवार के सभी सदस्यों से संबंध नहीं टूटते क्योंकि पारिवारिक द्वन्द्व में कई बार सभी सहभागी नहीं होते। इस प्रकार, जीवनसाथी से, माता-पिता से, बच्चों से अथवा भाई-बहनों से संबंध विच्छेद प्रायः नई शुरुआत की इच्छा होती है जो गंभीर और लम्बे समय तक रहने वाली कठिनाइयों की सूचक होती है।

इसी प्रकार, जब भावनात्मक तनाव उस बिन्दु तक पहुंच जाता है कि उसे सहन करना अत्यंत कठिन हो जाता है तब लोग लापता हो जाते हैं। यह तनाव सापेक्षिक होता है। कई बार इतनी समस्याएँ हो जाती हैं कि किसी व्यक्ति को, प्रायः पुरुषों को, एक ऐसे स्तर पर ले जाती हैं जहाँ वे अचानक घर छोड़ देते हैं और बिना कोई निशान छोड़े गुमशुदा हो जाते

हैं। इस प्रकार जाने के पीछे संबंधों को लेकर कठिनाइयाँ, कारोबार संबंधी परेशानियां या वित्तीय संकट हो सकता है।

एक पत्नी का कथन था कि उनका इस तरह से गायब हो जाना पूरी तरह अप्रत्याशित था। वे परिवार के लोगों को कुछ बताते नहीं थे। हमें उनके व्यवहार से भी कभी नहीं लगा कि उन्हें कोई तनाव है। ये भी हो सकता है कि वे ये सोचकर हमसे अपना तनाव साझा नहीं करना चाहते हों कि परिवार की परेशानियां बढ़ सकती हैं और उन्होंने हम लोगों से दूर जाने का फैसला कर लिया हो।

कुछ अध्ययन यह बताते हैं कि एक तनावपूर्ण घटना की अपेक्षा बहुत से तनावों का संग्रह एक व्यक्ति द्वारा अनुभव किए जाने वाले तनाव का स्तर तय करता है (मैक कैनरी एण्ड प्राइस, 2000)। बहुत से तनावों की परस्पर क्रिया एक तनावपूर्ण घटना की अपेक्षा व्यक्ति के संकट को और घनीभूत कर देती है इसलिए हो सकता है कि उसके पास कोई दूसरा विकल्प न बचता हो सिवाय घर छोड़ने के। हालांकि, तनाव जीवन का एक हिस्सा है। व्यवसाय में नुकसान या कर्ज न चुका पाने से उपजा तनाव पारिवारिक संबंधों में तनाव पैदा कर सकता है या बढ़ा सकता है। इस प्रकार तनावों के इकट्ठा होते जाने तथा परस्पर तनावों को बढ़ावा देने से व्यक्ति को जीवन के संकट समाधान योग्य नहीं लगते और व्यक्ति पहले नशे की ओर अग्रसर हो जाता है और बाद में गुमशुदा होकर पलायन को चुन लेता है।

एक परिवार के प्रमुख ने बताया कि जवान बेटे के लापता हो जाने के बाद उसके सबसे घनिष्ठ मित्र ने बताया कि बेटा चार दिन से बहुत परेशान लग रहा था, स्पष्ट कुछ नहीं बता रहा था। बस यह कह रहा था कि उससे अपराध हो गया

है, पुलिस उसे कभी भी गिरफ्तार कर सकती है, परिवार के सामने क्या मुंह दिखाएगा? लोगों को पता चलेगा तो वे क्या कहेंगे? अब लगता है इसी अपराधबोध के कारण उसने घर छोड़ दिया।

कई बार व्यक्ति आत्महत्या करने के लिए भी गायब हो जाते हैं, परन्तु सुसाइड नोट के अभाव में यह स्पष्ट नहीं होता कि उसने आत्महत्या के लिए ही घर छोड़ा है। तथापि, कई प्रकरणों में जहाँ लाश मिलती है तब सबसे सीधा स्पष्टीकरण आत्महत्या माना जाता है।

भावावेश में घर छोड़कर जाने वाले व्यक्ति प्रायः स्वयं को वास्तविक रूप से गुमशुदा नहीं मानते। क्योंकि इस प्रकार के प्रकरणों में पारिवारिक संबंध पहले से ही खण्डित या कमजोर होते हैं, इसलिए वे आपस में नहीं मिलते, फोन पर भी नहीं। भावावेश में घर से लापता हो जाना या संबंध न रखने का एक कारण वयस्क युवाओं की एक विशिष्ट जीवन शैली है जो उनके किसी व्यसन या/और मानसिक स्वास्थ्य समस्या से जुड़ी होती है तथा उनकी यही अस्थिर जीवन शैली उन्हें परिवार से संबंध न रखने या दूर चले जाने के लिए प्रेरित करती है तथा ऐसे व्यक्तियों के परिवार उन्हें गुमशुदा समझते हैं।

अनजाने में लापता होने वाले व्यक्तियों में बच्चे-बूढ़े, मानसिक व शारीरिक रूप से अशक्त आदि होते हैं। परिस्थितिवश लापता हुए इन सभी व्यक्तियों को पुलिस अतिसंवेदनशील प्रकरण मानती है। कई बार गंभीर जाँच के नाम पर इस प्रकार का वर्गीकरण आलोचना से बचने के कवच का कार्य करता है।

बलपूर्वक घर से लापता करने की घटनाएँ वयस्कों में दुर्लभ परन्तु बच्चों और युवाओं में ज्यादा देखने को मिलती हैं। प्रस्तुत अध्ययन में ऐसे प्रकरणों की संख्या निश्चय के साथ घर छोड़ने वालों के बाद सर्वाधिक थी। बच्चों तथा युवाओं के मामले में अपहृत बच्चों को भीख मांगने के लिए धकेल दिया जाता है या बंधुआ मजदूर बना दिया जाता है जबकि लड़कियों की नियति देह व्यापार होती है।

गुमशुदा व्यक्तियों के लापता होने के कारणों व परिस्थितियों, उनके पीछे छूटे परिवारों की आवश्यकताओं तथा चुनौतियों के गहन अध्ययन हेतु चयनित जवाबदेह व्यक्तियों से कई-कई बार चर्चा की गई। गुमशुदा व्यक्तियों के अधिकतर परिवार उन परिस्थितियों की बात कर रहे थे, जिनसे समस्याएँ पैदा हो रही थीं। परिवारों की बातचीत की भाषा ही उनकी आवश्यकताएं बन गई थीं और उनका जीवन-यापन एक चुनौती बन कर उनको चिढ़ा रहा था। गुणात्मक अध्ययन से यह स्पष्ट था कि अधिकांश परिवारों की सर्वोच्च प्राथमिकता उनके लापता परिजन की नियति थी, परिवार का भरण-पोषण दूसरी प्राथमिकता थी तथा परिजन को घर से जाने में माध्यम बने व्यक्तियों को दण्ड मिले, उनकी अंतिम प्राथमिकता थी। अध्ययन से यह स्पष्ट था कि परिवार के किसी सदस्य का घर से अदृश्य होना चाहे सोच-समझकर हो या भावावेश में, अनजाने में हो या उसे बलपूर्वक ले जाया गया हो, उनके पीछे छूटे परिवारों की प्राथमिकताओं का विश्लेषण विकल्पों के समुच्चय की अपेक्षा सापेक्षिक आवश्यकताओं के संस्तरण को दर्शा रहा था।

पुलिस हेतु सुझाव

गुमशुदा प्रकरणों में पुलिस की मानक भूमिकाओं में आधुनिक तकनीक का प्रयोग करते हुए प्रकरण पंजीबद्ध करना, वैज्ञाानिक पद्धतियों के साथ गुमशुदा को खोजकर लाने से लेकर मानवीय दृष्टिकोण अपनाते हुए समाज में पुनः स्थापित करने तक उसकी देखभाल शामिल है। ऐसे गुमशुदा व्यक्तियों को मुक्त कराना जिनका अपराधियों द्वारा शोषण हो रहा है, उनको परामर्श देना तथा जन जागरण कार्यक्रम चलाना भी गुमशुदा प्रकरणों में पुलिस की भूमिकाओं में सम्मिलित है।

प्रस्तुत अध्ययन द्वारा पुलिस से प्राप्त जानकारी के आधार पर गुमशुदा प्रकरणों की प्रभावशील जाँच-पड़ताल के संबंध में निम्नलिखित सुझाव दिए जा सकते हैं:

1. गुमशुदा प्रकरणों के वर्गीकरण में पुलिस को अत्यधिक सतर्कता बरतनी चाहिए ताकि गंभीर प्रकरणों को पहचाना जा सके एवं त्वरित कार्रवाई की जा सके। गुमशुदा प्रकरणों की विवेचना के लिए अनुभवी पुलिसकर्मियों का एक स्क्वाड भी गठित किया जाना चाहिए।
2. गुमशुदा की विवेचना में घटना का समय, स्थान तथा घटना से संबद्ध व्यक्तियों की परिशुद्ध जानकारी रखनी चाहिए।
3. अपहरण या गुमशुदा की पुरानी घटनाओं का रिकॉर्ड रखा जाए। कुछ महत्वपूर्ण घटनाओं की केस स्टडी की जाए ताकि इनसे मिलने वाले अनुभव से गुमशुदा प्रकरणों की पड़ताल करने वाले पुलिसकर्मियों को सीखने का मौका मिल सके तथा जिसका उपयोग वह गुमशुदा की तलाश में कर सकें।

4. गुमशुदा प्रकरणों की जाँच करने वाले पुलिसकर्मियों को समय-समय पर मोबाइल सर्विलांस, सीसीटीवी कैमरा सर्विलांस की तकनीक से अपडेट किया जाना चाहिए।
5. गुमशुदा प्रकरणों की समीक्षा प्रायः पुलिस के स्तर पर अनियमित रहती है, इसे नियमित करने के उपाय गंभीरता से किए जाएँ। थाना स्तर से लेकर रेंज स्तर और प्रदेश स्तर तक नियमित समीक्षा के साथ-साथ गुमशुदा को तलाश करने की जिम्मेदारी भी तय की जानी चाहिए।
6. गुमशुदा प्रकरणों की पड़ताल करने वाले पुलिसकर्मियों को संवेदनशील होना चाहिए ताकि वह गुमशुदा के परिजन से गुमशुदा के संबंध में पूरी जानकारी जल्द ले पाएं और उनसे लगातार बातचीत कर उन्हें संतुष्ट भी कर पाएं।
7. सूचनाओं के आदान-प्रदान के लिए मजबूत व्यवस्था बनाई जानी चाहिए, इसमें इंटरनेट, वायरलेस सिस्टम के साथ-साथ ग्रामीण इलाकों में पदस्थ कोटवारों की मदद ली जा सकती है। ऐसा सिस्टम बनाया जाए कि एक थाने में गुमशुदगी दर्ज हो तो कुछ ही मिनटों में इसकी सूचना फोटो सहित प्रदेश, संभाग या जिले के सभी थानों में पहुंच जाए।
8. ट्रेन-बसों में गुमशुदा की सूचना के पर्चे लगाने के लिए स्थान नियत किया जाना चाहिए तथा परिवहन साधनों में पर्चे लगाकर खोजबीन की प्रवृत्ति को बढ़ावा दिया जाना चाहिए। प्राइवेट परिवहन साधनों में भी पर्चे लगाकर गुमशुदा को तलाश करने का प्रयास करना चाहिए।

9. पुलिस को चाहिए कि गुमशुदा के परिवारों पर हुए भावनात्मक प्रभावों के प्रति अपनी प्रारंभिक तथा सतत प्रतिक्रिया बनाए रखे और उन्हें यह विश्वास दे कि गुमशुदा व्यक्ति को ढूंढ़ने का हर संभव प्रयास किया जा रहा है।
10. गुमशुदा प्रकरणों की विवेचना के वांछित परिणाम प्राप्त करने के लिए, संलग्न पुलिसकर्मियों को मानव मनोविज्ञान, व्यवहार विज्ञान का विधिवत प्रशिक्षण दिया जाना चाहिए तथा गुमशुदा व्यक्तियों से व्यवहार करने का उन्मुखीकरण पाठ्यक्रम आयोजित करना चाहिए।
11. अन्य प्रकरणों की तफ्तीश करने वाले पुलिसकर्मियों को उत्कृष्ट कार्य हेतु प्राप्त होने वाले अभिप्रेरकों की भांति गुमशुदा प्रकरणों में यथोचित परिणाम देने वाले पुलिसकर्मियों के लिए भी अभिप्रेरक जैसे आउट ऑफ टर्न प्रमोशन, पुरस्कार, असाधारण एवं सराहनीय सेवाओं के लिए राष्ट्रपति पदक का प्रावधान होना चाहिए।

सारांशतः 'गुमशुदा' को परिभाषित करने तथा इस समस्या की निगरानी के लिए विभिन्न अभिकरणों के नेटवर्क को समन्वित रूप से कार्य करना चाहिए। इन एजेंसियों के नेटवर्क में मुख्य रूप से पुलिस तथा उसका मुखबिर तंत्र, केन्द्र तथा राज्य सरकारों के विभिन्न मंत्रालय, रेल तथा सड़क परिवहन व्यवस्था, मानव अधिकार, जेण्डर, मानव तस्करी आदि क्षेत्रों में कार्य करने वाले गैर-सरकारी संगठनों, मीडिया तथा सूचना प्रौद्योगिकी को सम्मिलित करना चाहिए।

परिवार के व्यवस्थापन हेतु सुझाव

गुमशुदा की तलाश के साथ-साथ गुमशुदा परिवारों के व्यवस्थापन के लिए निम्नांकित प्रयास किए जा सकते हैं :

1. अध्ययन से प्राप्त निष्कर्षों को प्रशिक्षण, जागरूकता एवं व्यावसायिक विकास कार्यक्रमों अथवा जहाँ भी आवश्यकता हो शामिल करना चाहिए ताकि गुमशुदा व्यक्तियों के परिवारों को समुचित सहयोग मिल सके।
2. गुमशुदा परिवारों को भावनात्मक एवं व्यावहारिक सहायता के लिए सलाह संबंधी साहित्य उपलब्ध कराना चाहिए ताकि वे मीडिया की सहायता तथा वैधानिक एवं अन्य सरकारी एवं गैर-सरकारी स्त्रोतों की मदद ले सकें।
3. प्रायः यह देखा जाता है कि ऐसे परिवार जिन्हें अपने प्रियजन के गुमशुदा होने का दुःखद अहसास है, आपस में नहीं मिलते। ऐसे परिवारों का परस्पर मिलना एक दूसरे को भावनात्मक रूप से सहयोग कर सकता है। इस कार्य के लिए गैर-सरकारी संस्थाओं को प्रयास करना चाहिए ताकि एक पीड़ित परिवार, दूसरों के अनुभव बाँट सकें और स्वयं को अकेला न समझें।
4. हेल्पलाइन सेवा को बढ़ावा देना चाहिए, जिसमें फोन, ईमेल इत्यादि द्वारा पीड़ित परिवारों को सहायता प्रदान की जा सके। हेल्पलाइन के स्टाफ को गुमशुदा व्यक्ति के परिवारों को इस क्षति से उबरने के लिए परामर्श देने की ट्रेनिंग दी जानी चाहिए, जिसमें उनकी आवश्यकताओं का ज्ञान, उनके लिए कौशल विकास तथा आत्मविश्वास उन्नयन हेतु कार्यक्रम सन्निहित हों।

5. वर्ष में कम से कम एक दिन गुम व्यक्तियों को समर्पित होना चाहिए, जहाँ सब परिवार इकट्ठे होकर अपने प्रियजन को याद कर सकें तथा इस दर्द (पीड़ा) से उबरने के लिए प्रतिवर्ष एक सामुदायिक कार्यक्रम का आयोजन किया जाना चाहिए।
6. अखबारों तथा इलेक्ट्रॉनिक मीडिया (संचार माध्यमों) को गुमशुदा व्यक्तियों के बारे में प्रसारण को प्रोत्साहित करना चाहिए।
7. अधिकांश प्रकरणों में जब एक गुमशुदा व्यक्ति अपने परिवार के पास लौट आता है, तो यह जानकारी उन अधिकारियों अथवा संगठनों को दी जानी चाहिए जिन्हें व्यक्ति के गुमशुदा होने की सूचना सबसे पहले दी गई थी। अतः यह परिवार की जिम्मेदारी है कि गुमशुदा व्यक्ति के घर लौट आने या मिल जाने पर, वह तुरंत तदाशय की सूचना संबंधित प्रशासनिक अधिकारी को दे ताकि प्रकरण में एफ.आर. (अंतिम प्रतिवेदन) की कार्यवाही सम्पादित हो।

सन्दर्भ सूची

इण्टरनेशनल कमेटी ऑफ द रेड क्रॉस (2009). *फैमिलीज ऑफ मिसिंग पर्सन्स इन नेपाल : ए स्टडी ऑफ देयर नीड्स*, आई सी आर सी, काठमांडु, अप्रैल.

चाइल्डलाइन इंडिया फाउंडेशन (2007). *मिसिंग चिल्ड्रन ऑफ इंडियाः इश्यूज एण्ड अप्रोचेज–ए चाइल्डलाइन पर्सपेक्टिव*, मुंबईः सीआईएफ.

नेविस, जिआफ (1999). *मिसिंग प्रिज्यूम्ड? द पुलिस रिस्पोंस टु मिसिंग पर्सन्स.* पुलिस रिसर्च सिरीज पेपर 114, लंदनः पुलिसिंग एण्ड रिड्यूसिंग क्राइम यूनिट.

पायनि, एम. (1995). "अन्डरस्टैंडिंग 'गोईंग मिसिंग'.: इश्यूज फॉर सोशल वर्क एण्ड सोशल सर्विसिस", *ब्रिटिश जर्नल ऑफ सोशल वर्क*, वॉल्यूम 25, पेज 333–48.

पोन्नायन, एन. (1992). एन एनालिटीकल स्टडी ऑफ द मिसिंग पर्सन्स स्क्वाड ऑफ देहली पुलिस एडमिनिस्ट्रेशन (अनपब्लिश्ड पी–एच.डी. थीसिस), पंजाब यूनिवर्सिटी, चंडीगढ़.

बचपन बचाओ आंदोलन (2012). *मिसिंग चिल्ड्रन ऑफ इंडिया*, नई दिल्लीः बी बी ए.

बॉस, पॉलिन (2000). *ऐम्बीगुअस लॉसः लर्निंग टु लिव विथ अनरिजॉल्वड ग्रीफ*, कैम्ब्रिज, एम.ए.: हार्वर्ड यूनवर्सिटी प्रेस.

बॉस, पॉलिन (2002). "ऐम्बीगुअस लॉसः वर्किंग विथ फैमिलीज ऑफ द मिसिंग", *फैमिली प्रोसेस*, वॉल्यूम 41, पेज 14–17.

बॉस, पॉलिन (2007). "ऐम्बीगुअस लॉस थ्योरीः चैलेन्जेज फॉर स्कॉलर्स एण्ड प्रैक्टिसनर्स", *फैमिली रिलेशंस*, वॉल्यूम 56, पेज 105–111.

बीहल, एन., मिशैल, एफ. एण्ड वेड जे. (2003). *लॉस्ट फ्रॉम व्यूः मिसिंग पर्सन्स इन द यूके*, ब्रिस्टॉलः द पॉलिसी प्रेस.

मैककैनरी, पैट्रिक सी. एण्ड प्राइस, शैरोन जे. (2000). *फैमिलीज एण्ड चेंजः कोपिंग विथ स्ट्रैसफुल इवेन्ट्स एण्ड ट्रांजीसंस*, कैलीफोर्नियाः सेज पब्लीकेशन्स.

रोजर्स, सी. (1986). *ट्रेसिंग मिसिंग पर्सन्सः एन इन्ट्रोडक्सन टू एजेंसीज, मैथड्स एण्ड सोर्सेस इन इंग्लैंड एण्ड वेल्स*, मैनचेस्टर : मैनचेस्टर यूनीवर्सिटी प्रेस.

सेन, शंकर एण्ड नायर, पी.एम. (2005). *ट्रेफिकिंग इन वुमन एण्ड चिल्ड्रन इन इंडिया*, नई दिल्लीः ऑरिएण्ट लौंगमैन.

स्टाइन, आर., एल्बिस, एच., रॉबिन्सन, के. टॉवल, एच. एण्ड होमीस, एल. (2013) *लिविंग इन लिम्बोः फाइन इयर्स ऑनः ए समरी ऑफ वर्क टू इम्प्रूव द सपोर्ट अवेलेबल टू द फैमिलीज ऑफ मिसिंग पीपुल*, लंदनः मिसिंग पीपुल.

स्वानटन, वी एण्ड विल्सन, पी.आर. (1989). *रिसर्च ब्रीफ नं. 17: मिसिंग पर्सन्स, ट्रेंड्स एण्ड इश्यूज इन क्राइम एण्ड क्रिमिनल जस्टिस*, कैनबरा; आस्ट्रेलियाः ऑस्ट्रेलियन इंस्टीट्यूट ऑफ क्रिमिनोलॉजी.

हिर्शेल, जे.डी. एण्ड लैब, एस.पी. (1988). "हू इज मिसिंग? द रियलिटीज़ ऑफ द मिसिंग पर्सन्स प्रॉब्लम", *जर्नल ऑफ क्रिमिनल जस्टिस*, वॉल्यूम 16, पेज 35–45.

हेन्डर्सन, एम., हेन्डर्सन, पी. एण्ड कियरनन, सी. (2000). *मिसिंग पर्सन्सः इन्सीडेंसस, इश्यूज एण्ड इम्पैक्ट्स,* ट्रैन्डस एण्ड इश्यूज इन क्राइम एण्ड क्रिमिनल जस्टिस नं.144, केनबरा, आस्ट्रेलियाः आस्ट्रेलियन इंस्टीट्यूट ऑफ क्रिमिनोलॉजी, पेज 1–6.

हेन्सन, एल. (2000). "सैकंड कॉम्परिहेंसिव स्टडी ऑफ मिसिंग चिल्ड्रन", *जुवेनाइल जस्टिस बुलैटिन*, अप्रैल.

होमीस, एल. (2008). *लिविंग इन लिम्बोः द एक्सपीरिएंसस ऑफ, एण्ड इम्पैक्ट्स ऑन, द फैमिलीज ऑफ मिसिंग पीपुल*, लंदन : मिसिंग पीपुल.

अनुक्रमणिका

संस्थागत भगोड़े, 19, 20
स्वतः लापता, 22
हिर्शेल, जे.डी. एण्ड एस.पी. लैब, 33